HAWAII *Risa's* FAVORITES

大人女子はハワイで美味しく美しく

小笠原リサ

Prologue…

ハワイに長年通い続けていると、
よく「なぜハワイに？」と尋ねられることがあります。
ひと言では語り尽くせない
“その魅力”が伝わる作品を書きたいと思いました。
そこで本作では、私が個人的に気に入って
何度もリピートしている「愛してやまないもの」、
「うっとりすること」を中心にまとめてみました。
ハワイ好き大人女子の皆さまの、
充実した旅をイメージした一冊になっています。
スポットを厳選するのはもちろん、
ちょっとハワイ通な楽しみ方もあわせてご紹介。
リゾートコーデやスキンケア、パッキングなど、
旅慣れ女子マニュアル的な要素も盛り込みましたので
参考にしていただければ幸いです。
ハワイならではの特別な時間と空気のなかで、
あなた自身の「うっとりバカンス」を楽しんでください。

CONTENTS

HAWAII RISA'S
FAVORITES

002 はじめに
007 本書の使い方

Hawaii Story

008 **RISA的ローカルタウンの過ごし方**

010 Kahuku and Haleiwa
016 Kaimuki
022 Kailua and East Coast

028 Column : 1 MY FAVORITE TOWN

Gourmet

029 **RISA's偏愛グルメ**

030 New Favorite RESTAURANT
038 DEAREST CAFE
042 Dress-Up DINNER
046 SANDWICH and BURGER
048 Repeat RESTAURANT
056 Love SWEETS
058 BEST of the BEST RESTAURANT

060 Column : 2 FOOD KEYWORD

Activity

097 **RISA's 偏愛アクティビティ**

110 Column : 5 FASCINATING SPOT

Travel Tips

111 **RISA的 ハワイ旅の準備とヒント**

112 スーツケース
114 機内持ち込みバッグ＆コーデ
116 旅の必須コスメ
118 シチュエーション別コーディネート
120 ハワイで暮らすようにステイ
124 HAWAII TRAVEL Q&A
126 HAWAII TRAVEL CALENDAR

130 Hawaii MAP
140 INDEX
142 おわりに

Shopping

061 **RISA's 偏愛ショッピング**

062 ストーリーまで愛せるおみやげ６選
068 MUST BUY! Souvenir
072 MUST GO! SUPER MARKET
080 SELECT SHOP
083 BEST of the BEST SHOP

084 Column : 3 LOCAL FASHION

Beauty

085 **RISA's 偏愛ビューティ**

086 BEST SPA in Hawaii
094 お気に入りコスメ♥

096 Column : 4 SUN CARE

Have a beautiful Hawaii trip!

HOW to USE

データの見方

掲載物件のデータは下記の略号で示されています。

MAP …… マップページ
住所 …… 住所
電話 …… 電話番号
時計 …… 営業時間
休 …… 定休日
カード …… CARD
矢印 …… ホームページアドレス
$ …… 料金・予算

また以下のマークは、当てはまるもののみ掲載をしています。

動画 …… ハワイから動画のメッセージ

$1 = 109円（2019年12月時点）

※ 電話番号はハワイ州番号（808）を除く番号を記載しています。日本からハワイに電話をかける場合は、ハワイ州番号を加え、国際電話会社の番号＋1（アメリカの国番号）を加えてください。
※ 定休日は基本の休日を記載しています。クリスマスや年末年始など特定の祝祭日は営業が異なることがあります。
※ 本書に記載の価格表記には、ハワイ州税、消費税、チップは含まれておりません。ホームページアドレスは予告なく変更されたり、工事中や休止される場合もあります。http:// は省略しています。

Risa からの Tips（ヒント＆アドバイス）について

本書では、著者小笠原リサの経験に基づくハワイ旅のヒントやアドバイスを盛り込んでいます。以下の3つに分けていますので、参照してください。

Risa's ♥ Tips …… 一般的なアドバイスやオーダーの仕方のコツなど

Seasonal Tips … その時期にしかないものや、より楽しむためのヒント

Beauty Tips …… 美容のために心がけていること、取り入れていること

ご利用にあたって

本書のデータはすべて2019年8月～10月の取材データに基づいて、2019年12月時点に確認をしたものです。そのため本書で掲載された商品が店頭になかったり、価格が変更されている場合があります。予めご了承ください。本書に掲載している情報で、発行後に変更されたものについては、『地球の歩き方』ホームページ「更新・訂正情報」で可能なかぎり案内しています（ホテル、レストラン料金の変更などは除く）。旅立つ前に、ぜひ最新情報をご確認ください。

URL book.arukikata.co.jp/support/

地図について

本書掲載の地図のほかに、Google マップへのリンク機能がついています！

無料アプリ COCOAR2 利用

無料のAR（拡張現実）アプリ「COCOAR2」を立ち上げたスマートフォンやタブレットを誌面にかざすと、Google マップにリンク！ お店などの地図が表示されます。今いる場所からのルートやアクセス方法もそのままGoogle マップで検索できるので、とっても便利！

STEP 1 無料アプリ「COCOAR2」をインストールする

「App Store」または「Google Play」にて「COCOAR2」を検索し、スマートフォンにインストールしてください。または、上のQRコードを読み込んで直接インストール先へ。

STEP 2 スマートフォンまたはタブレットをページにかざす

アプリを起動し、地図をみたいスポットやお店が掲載されている記事部分をオレンジ色の枠内に収めてスキャンします。原則として、住所の記載がある記事をスキャンすると地図が表示されます。

STEP 3 「スキャン完了」でGoogle マップへリンク

スキャンが完了したら表示の案内に従って操作。ルート検索すれば迷わず行ける！ 一度閲覧したリンクは履歴からも見ることができます。

※ Google マップおよびCOCOAR2の仕様変更の影響を受ける可能性があります
※ COCOAR2のインストールおよび利用にはインターネット接続が必要です
※ Google マップへのリンクは3年間有効です

掲載物件のリストおよび地図はこちらから *Check!*

QRコードを読み込むと、掲載物件の場所がGoogle マップのリストでご覧いただけます。位置情報やクチコミなどの確認にご活用ください。なお、本書の物件名と一部異なることがあります。予めご了承ください。

Story at Local Town

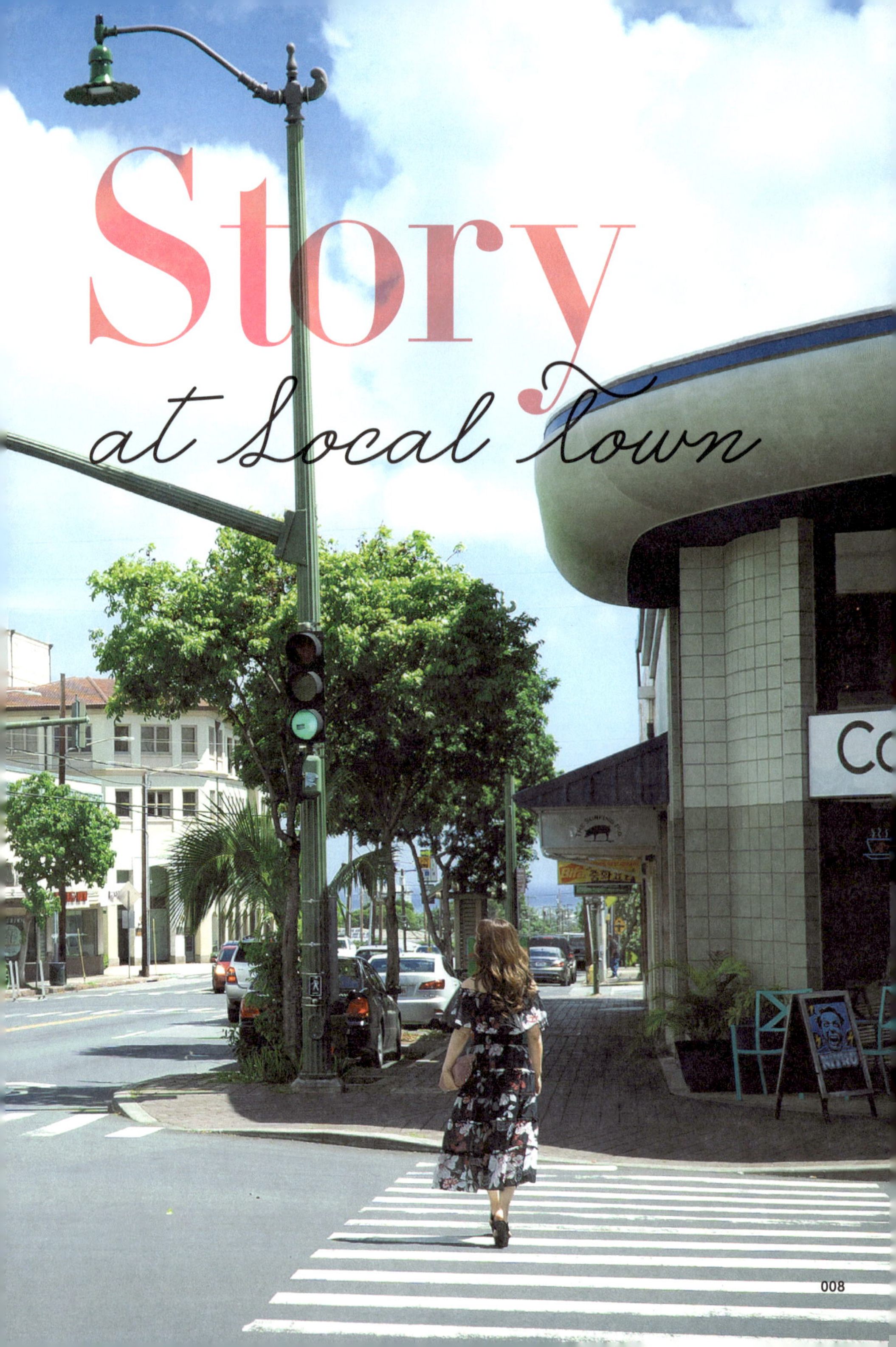

Risa's Hawaii

長い年月ハワイに通っていると同じ景色やお店でも、
感じ方や楽しみ方が変化していると感じる今日この頃。
懐かしさと新しさが交差するお気に入りの街で、
大人だからこそ楽しめるハワイの過ごし方を
ストーリー仕立てでお届けします。

KAHUKU and HALEIWA P.10-

KAIMUKI P.16-

KAILUA and East Coast P.22-

Kahuku and Haleiwa

Hawaii Story
Nostalgic Hawaii

1 カフク＆ハレイワで ノスタルジックな大人ハワイ

ハワイでは身も心も、そしてお顔までほぼすっぴんで心からリラックスしたい。そんなとき私の足が向くのは、ワイキキから車で1時間ちょっと離れたノースショア。エリアに流れるゆるい空気感と、雄大なロケーションに冒険心をくすぐられてパワーをもらえる場所だから。今日はここでしかできない体験を求め、ひと味違うカフク＆ハレイワを楽しみたい♡

　ドライブは早朝出発で、向かうは「タートルベイ・リゾート」。男性はゴルフ、そして私はスパで午前中はひとりのんびりする計画。ドライブ日のバッグには、ガムやミント、そして日焼け対策必需品のグローブも必ず。これでうっかり日焼けも防げて安心。

出発前に近くのスターバックスでドリンクを調達。目覚めの甘系ドリンクなら、アイス・ココナッツミルク・モカマキアートやアイスシナモン・アーモンドミルク・マキアートを。どちらもかなり甘いので"甘さ控えめ"オーダーが大人にはちょうどいい。日本では取り扱いがないココナッツミルクやアーモンドミルクは、レア度も高い。

　ドライブを楽しんだら、「タートルベイ・リゾート」に到着。ホテルのロビーの大きな窓からは絶景が望め、リゾート感がグッと高まります。このまま「ナル・キネティック・スパ❶」へ直行。朝8時オープンのスパで、予約は8時半に。ロッカールームでお着替えを済ませたら、ノースショアのビーチの目の前に位置するリラクセーションエリアへ。大きな波の音が聞こえてくる♡

　いよいよマッサージがスタート。身も心もとろける……。大満足の施術後は再びリラクセーションエリアでまったりタイム。代謝が上がっているから水分をしっかり取らなくちゃ。こうして何もしない贅沢な時間を存分に堪能したら、マッサージの効果もあり体はもちろん心まで軽く明るくクリーンに。ここまで来てよかった。確かにそう感じる空間なのです。

“ロングドライブのお供には
スタバのレアドリンク
ガムやミントも必須です”

@ Nalu Kinetic Spa

“エビだけじゃないカフクの魅力
大人の社会科見学にぴったり♡”

スパのあとは、車ですぐのカフクの街でブランチ。目指すお店は、カフクシュガーミルのなかにある「セブン・ブラザーズ❷」。ここはバーガーとガーリックシュリンプのお店。エビが美味しいお店はほかにもあるけれど、ここは、屋内でゆっくり食べられるところが、大人の女性向き。お手洗いもあるし、手が洗えるのも◎。ハンバーガーのサイドに付いてくるフレンチフライが隠れた逸品で私のツボ！今日もザク切りの絶妙な厚さで素材の味が生きている。パクパクいけちゃうので、怖い……。注意が必要です。

　おなかも満たされて、向かうは「カフク・ファーム❸」。ここでは農園ツアーの参加がマスト。農園の歴史や、フルーツや野菜がどのように栽培されているかをトラックに乗りながら説明してもらえます。サンプルに季節のカットフルーツが付いてくるのもうれしいポイント。ツアーが終了したらカフェでひと休みがお約束。ハワイでは唯一アサイーを栽培している農園で、ここで作られる新鮮なアサイーボウルも魅力だけれど、今日は取れたて野菜やフルーツを使ったスムージーをオーダー。いつもながら濃くて絶品！

@ Kahuku Farms

“ハワイの自然からの恵みを
五感を使って体験する”

　心までいっぱいになって「カフク・ファーム」をあとにしたら、いざハレイワ方面へ出発。その途中にある、心身ともにデトックスできる「パパイロア・ビーチ❹」へ寄り道。こちらは住宅地の裏手にある、静かなビーチ。訪れるのは地元の人がほとんどです。岩場にウミガメの餌となる藻が多く育っているため、浅瀬で泳いでいる姿や甲羅干しに来ているウミガメの姿をかなりの確率で見ることができます

“黄金ドライブルートを進んだら静かなビーチでデトックス”

（4～9月の夏ハワイのほうが遭遇率高し）。今日は会えるかな。ただしビーチパークではないので、シャワーやお手洗いはありません。またウミガメはハワイ州法によって保護されていて、約2m以内に近づいたり、餌づけをしたりしてはいけないという法律があるので注意。マナーを守りウミガメに見守られながらリラックス。頭と心を休めるため、ただゆっくりと海を眺める時間がいとおしい。

のんびりとした時間を過ごしたあとは、いよいよハレイワの街へ。こだわりを感じる小さなブティックなど、必ず寄りたいお店がたくさん。まずは「Vブティック❺」へ。オーナーはメインランド出身の女性ジュエリーデザイナー。ジュエリーはビーチリゾートに合うイメージで作られていて、

@ Papa'iloa Beach

@ V Boutique

波をデザインしたリングは定番の人気商品です。ほかにジュエリーに合う洋服や小物をセレクトしていて、LA発のブランド「ベラダール」や着心地抜群の「AG」などが豊富。私がよくチェックするのは、「ベルベットバイグラハムアンドスペンサー」や「チェイサー」。シンプルだけど小ワザの効いた、それでいてリラックス感がある着こなしを楽しみたいから、今日は滞在着をこちらで調達します。

@ Patagonia

オールドハワイを感じるショッピングモール「ノースショア・マーケットプレイス」の雰囲気が大好き。まずは「パタゴニア❻」へ。ハレイワ店限定品をチェックし、特に男性へのおみやげはここで。すてきだなと思うのは、環境問題を考え、売上の一部を自然保護活動に寄付しているということ。だから必ずエコバッグ持参でお店へ。小さなことから少しずつ協力していきたいと、そんな気持ちにさせてくれるエコフレンドリーなお店。

“オールドハワイを感じる街で
ハッピーになるショップ巡り”

@ Lulu's Lei and Bouquets

次は、かわいいフラワーショップ「ルルズ・レイ・アンド・ブーケ❼」へ。南国のお花を使いつつ、やわらかな色彩のお花を組み合わせてくれるアレンジメントが好み。ナチュラルでモダンです。お部屋に飾ったり、大切な方へのアレンジメントをお願いしたい。

最後は、ハレイワの端にある「ハレイワ・ボトル・ショップ」へ。酒屋さんの店内一角にあるアイランドスタイルマーケット「ボデガ・ハワイ❽」にお目当てのものが。それが大好物の「Hi Pie」のポイバナナブレッド。常温で1週間、冷蔵で2週間もつから、帰国日が近いときは、ここで買いだめ。食べるときは厚めにスライスし温めるのがポイント。帰国後に食べられるなんてうれしい。

早朝から訪れたいカフク＆ハレイワ。もう少しいたい気もするけれど、夕方は高速が混み合うから16時までにはハレイワを出発するのがマイルール。絶対にまた来るね！

@ Bodega Hawaii

More INFORMATION

+Café

Turtle Bay Resort Lobby Lounge

タートルベイ・リゾート・ロビー・ラウンジ

雄大な景色を眺めながら、ペストリーなどの軽食やドリンクが楽しめる。

MAP P.130- 全図 C1
57-091 Kamehameha Hwy., Kahuku
293 -6000 6:00 ～ 21:00（バー＆フード 17:30 ～ 22:00） 無休 ○

Coffee Gallery Hawaii

コーヒー・ギャラリー・ハワイ

自家焙煎のコーヒーと自家製ペストリーが人気のハレイワの老舗カフェ。

MAP P.131- ハレイワ
66-250 Kamehameha Hwy., C106 Haleiwa 637-5355 6:30 ～ 20:00
無休 ○ roastmaster.com

Kaimana Shave Ice

カイマナ・シェイブアイス

DATA → P.056

+SHOP

SoHa Living

ソーハ・リビング（ハレイワ店）

ハワイ生まれの人気雑貨店。オリジナル商品など要チェックなものだらけ。

MAP P.131- ハレイワ 66-250 Kamehameha Hwy. Suite C-105, Haleiwa
439-6198 9:00 ～ 19:00（金・土～ 20:00） 日 ○ sohaliving.com

THE KAHUKU and HALEIWA ROUTE

01

Nalu Kinetic Spa

ナル・キネティック・スパ

DATA → P.091

02

Seven Brothers "At The Mill"

セブン・ブラザーズ・アット・ザ・ミル

MAP P.130- 全図 C1
56-565 Kamehameha Hwy., Kahuku 852-0040
11:00 ～ 21:00 日 ○
sevenbrothersburgers.com

03

Kahuku Farms

カフク・ファーム

DATA → P.100

04

Papailoa Beach

パパイロア・ビーチ

MAP P.131- 全図 B1
Papailoa Rd., Haleiwa

05

V Boutique

V ブティック

MAP P131- ハレイワ
66-165 Kamehameha Hwy., Haleiwa 637-1597
10:00 ～ 18:00 無休 ○
www.vboutiquehawaii.com

06

Patagonia Haleiwa

パタゴニア（ハレイワ店）

DATA → P.070

07

Lulu's Lei and Bouquets

ルルズ・レイ・アンド・ブーケ

DATA → P.106

08

Bodega Hawaii

ボデガ・ハワイ

DATA → P.057

Kaimuki

Hawaii Story
Like a Local

2 ロコの生活が詰まった街 カイムキで過ごすゆるい時間

ローカルタウンならではのゆっくりした雰囲気を感じるカイムキは、ワイキキから車で10分ほどの住宅街。この街が有名になった理由は、地元密着型のグルメスポットが点在しているから。実はグルメだけでなく、こだわりのある小さなショッピングスポットもあちこちにあります。まるでこの街に住んでいるかのように、そぞろ歩きしながら、自分だけのお気に入りや景色を探してみませんか。

“実は奥深い魅力のあるカイムキは
じっくり半日時間を割いて訪れて”

ハワイにいると無性に歩きたくなる私。「あんなところに花が咲いている」「ここにカフェがあるんだ」——と、お散歩しながら目にした街の風景や自然の様子に、新たな発見が。ふと空を見上げると大きな虹！そんなことが珍しくないハワイでは、ダブルレインボーに出くわすことも。「旅行者がダブルレインボーに出会えたら、ハワイに戻って来ることができる」と聞いたことがあります。さあ気分よくカイムキへ出発。

“ふと視線を上げると海にまでつながる道が。気持ちがゆったりしてくる”

「ハワイで何が食べたい？」と聞かれたら、「サンドイッチ！」と迷わず答える私。今日はお目当ての「スプラウト・サンドイッチ・ショップ❶」へ。このお店用に焼かれた素朴なチャパタに、地元の新鮮野菜や素材を自家製ソースと一緒にサンド。最近のお気に入りメニュー、クレーターにアボカドとモッツァレラを追加してオーダー。大きな口を開けてパクッとほお張る♡ このカジュアルな雰囲気と、胃にもたれずスルスルと入る美味しさが最高。大満足でお店を出たあとは、すぐお隣のビルにある「アヴァ＋オレナ❷」へ行くことに。ビルの階段を上がりドアを開けると、看板犬リカちゃんが今日も元気いっぱいに迎えてくれます。

@ Sprout Sandwich Shop

@ Awa + Olena

@ Da Shop

「アヴァ&オレナ」のオーナーさんがつくるリングが好きで、何か新作がないかをチェック。肌なじみがよいシンプルなデザインがリーズナブルにあるので、おすすめなのです。この日もしっくりとくるリングに巡り会えました。

さっそく購入したリングをつけてお店を出たら、少し歩いたところにある本屋さん「ダ・ショップ❸」へ。ここ、ちょっとおもしろい本屋さん。子供向けの絵本やハワイ・オセアニアについての書籍、ベストセラーの書籍などをオーナーさんのセレクトで揃えていて見ごたえたっぷり。注目は、ハワイ大学やビショップミュージアムの出版社など、レアな出版社が出している書籍。貴重な1冊が見つかるかも。ハワイ好きで、本好きな私のマストスポットです。今日私が見つけたのは、ドリス・デュークが生涯をかけてつくりあげた、美術遺産のような邸宅「シャングリ・ラ」（➡P.104）の写真集＄60。店内の椅子に座ってパラパラとめくってみると……、きらびやかで目を見張るイスラム美術の数々が。ずっと眺めていたい本に出会え、ハッピー♡

“オーナーのセレクトセンスが光る、
そんなお店があちこちに”

次に向かうのは、「カイムキ・ドライ・グッズ❹」。手作り派にうれしい生地屋さんです。奥に広い店内は、どこを見ても布・布・布！ハワイアン柄はもちろん、今風のデザインやキッズ用の動物やキャラクター柄の布などなど、圧巻の品揃え。なかには和柄やお寿司などのオモシロ柄もあり、日本人ならニヤリとしてしまうこと間違いなしです。「この生地でポーチを作ったら、かわいいだろうな～」なんて思いながら、あれこれと品定め。あぁ、でも肝心なことを忘れていた。自分では作れなかったんだ……。

@ Kaimuki Dry Goods

“香り高いカフェラテと写真集で
アカデミックで
スローな時間を楽しみたい”

　真剣に商品を見ていたらちょっぴり疲れたので、そろそろお茶タイムに。そんなときに行くカフェが「ザ・カーブ❺」。地元の人たちにゆっくり楽しんでもらえるようなカフェを、とオープンさせたお店は、まさにロコの憩いの場。でも旅行者の私たちにも、必ず笑顔で接客してくれるAlohaなお店なのです。ここで過ごすスローな時間が大好き。飲みたいものと食べたいものがあるカフェだから、いつものオーダーを。それが、カフェラテとポイバナナブレッド。香り高いコクのあるラテと、ポイを練り込んだバナナブレッド。温め方がまた絶妙なのです。ラテを飲みながら、さっき買ったシャングリ・ラの写真集を開いて、眺めてはうっとり。すると、お隣に座ってコーヒーを飲んでいる女性に「すてきな本を買ったのね」とほほ笑まれ、気持ちはさらに和やかに。

@ The Curb

ゆっくりしたあとは2軒隣にあるペット用品店「ザ・パブリック・ペット❻」で、愛犬へのおみやげをチェック。犬猫用のグッズなどを扱うきれいなお店です。フードはナチュラルな素材でできたものをセレクトし、グッズはメイド・イン・ハワイの商品が多くて見応え抜群。さっそくかわいくて形がおもしろいポーチを発見！「これ、何？」と尋ねると、「プープ（排泄物）ホルダーよ」と。なるほど便利！友人のわんちゃんへのプレゼントにも◎。

“有名レストランも御用達ベーカリーで
カイムキで暮らしているような気分に浸って”

@ Breadshop

　さあ最後は、パン好きの私が必ず立ち寄る「ブレッドショップ❼」。作り置きはせず、店内で作られた焼きたてパンがずらりと並んでいます。お目当てのパンがあるときは、焼き上がる時間帯に合わせて行き、ふらりと寄る場合なら焼きたてから好きなものを選んだり。店内には食事に合わせる大きなパンが豊富にあり、そのほかクロワッサンやデニッシュも！大きなパンなら、いつも買うのはスラブ。中がソフトな生地で一番ライトなパンです。酸味のあるパンが好きならカントリーがいいかも。おやつ用にはフルーツがのったデニッシュがお約束。ふと見ると、今日は奇跡的にブリオッシュがまだある。午後の時間帯に焼き上がるので、13時半～14時頃に行くと手に入ることが多いのです。スラブに「ホールフーズ」で買ったビーガンバターやハチミツをかけて早く食べたいな、とパンを抱えてしばし妄想。パンを買って帰るだけで、まるで暮らしているかのような気分になれるから不思議です。

THE KAIMUKI ROUTE

01

Sprout Sandwich Shop

スプラウト・サンドイッチ・ショップ

DATA → P.046

02

AWA + OLENA

アヴァ＋オレナ

DATA → P.081

03

Da Shop

ダ・ショップ

MAP P.139- カイムキ
3565 Harding Ave.
421-9460 10:00 ~ 18:00
（日・月 11:00 ~ 16:00） 無休
○ dashophnl.com

04

Kaimuki Dry Goods

カイムキ・ドライ・グッズ

MAP P.139- カイムキ
1144 10th Ave. 734-2141
9:00 ~ 20:00（土~ 17:30、
日 10:00 ~ 16:00） 無休 ○
kaimukidrygoods.com

05

The Curb

ザ・カーブ

DATA → P.041

06

The Public Pet

ザ・パブリック・ペット

DATA → P.070

07

Breadshop

ブレッドショップ

DATA → P.057

焼きたて
パンも
ゲット！

ほっとひと息♡

More INFORMATION

+Shop

Jules + Gem Hawaii

ジュールズ・アンド・ジェム・ハワイ

DATA → P.070

Sugarcane

シュガーケーン

DATA → P.082

+Cafe

Via Gelato

ヴィア・ジェラート

DATA → P.056

We Heart Cake Company

ウィー・ハート・ケーキカンパニー

DATA → P.037

Vegan Hills

ヴィーガン・ヒルズ

動物性のものは一切使用しない、ビーガン料理のお店。ドリンクメニューも豊富。

MAP P.139- カイムキ
3585 Waialae Ave. 200-4488
10:00 ~ 15:00 火 ○
www.vegan-hills.com

Kailua

and east coast

Hawaii Story
#Health Conscious

3 “ヘルスコンシャス”をキーワードに自分らしく巡る東海岸&カイルア

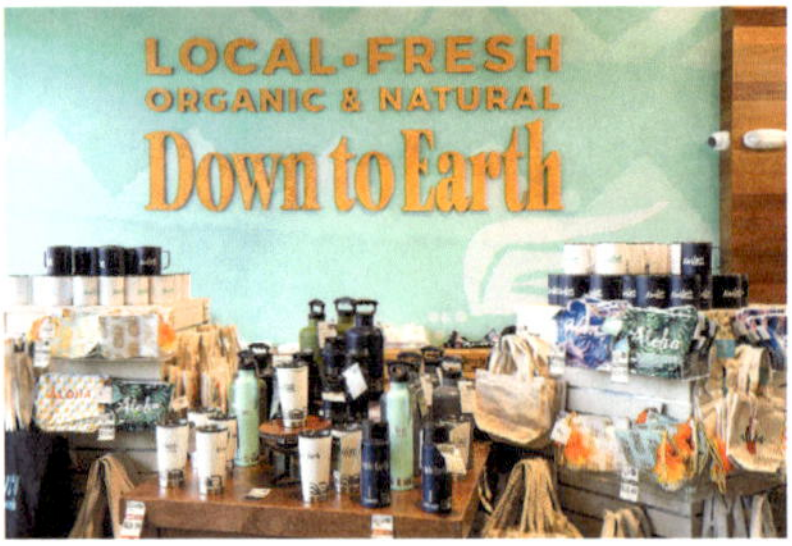

心身ともに健やかに、そして美しく過ごすことを意識したライフスタイルを送る人が年々増加するアメリカ。そのトレンドはハワイにもすっかり浸透し、ヘルスコンシャスな人々の暮らしを支えるお店も増えてきました。かくいう私も、長年ヘルスコンシャスな人。普段の生活では、日本独自の発酵食品や和のスーパーフードを食生活に取り入れ、ハワイではアメリカの最新ヘルスコンシャス情報やアイテム探しを楽しみにしています。ただ私の場合は、あくまでも〝ゆるくヘルスコンシャス〟がテーマ。がんばり過ぎて自分を追い詰めないよう、心地よさと楽しさを第一に考えています。

　ハワイの過ごしやすい気候とリラックスした雰囲気は、私たち旅行者の意識を自然とヘルシーに導いてくれます。ヘルスコンシャスに過ごすにはもってこいの場所。特におすすめしたいのがカイルア。人気の街には、歩いて回れる範囲にヘルシーで感度の高いお店が集中しています。カイルアまでの道のりで訪れたい場所とともに、ヘルスコンシャスに過ごす1日をご案内します。

“東海岸は
きれいなビーチの宝庫♡
波打ち際の美しさにも
癒やされます”

ヘルスコンシャスな1日は、ハワイアンウオーターにハワイ産のフレッシュミントを入れたお水を飲んでスタート。日焼け対策は万全に、そして足元はシューズ。スプレータイプの日焼け止め・SPFしっかりめのブラシ内蔵型パウダーファンデーション・ミント水・折りたためるエコバッグと、いつもの外出アイテムを準備して。車の中には、着替え用のウエアとサンダル、保冷用エコバッグを忘れずに。

忘れ物の最終チェックが終わったら、車でカイルア方面へ出発！ 最初に目指すのは東海岸線上にあるマカプウのトレッキングコース。カイルアに行くなら、頂上からの眺めが美しい「カイヴァリッジ・トレイル❷」が人気だけど……、なんせハード。体力に自信がなく、無理なく運動を楽しみたいという私はワイキキからカイルアに行く途中にある「マカプウ・ライトハウス・トレイル❶」が最適。パワースポットと呼ばれる「ペレの椅子」にもほど近く、運動をしながらパワーまでいただけるという好立地。登らない手はない♡ 太陽が高くないうちにライトなトレッキングを済ませ、再びドライブ。気持ちよく体を動かしたから、気分爽快。いいことをしたなと笑顔も全開。

気持ちがすっーと楽になる。
ハワイにはこんなにも
美しい景色がたくさん

@ Makapuu Point Lighthouse Trail

@ Kaiwa Ridge Trail

@ Makai Research Pier

ご機嫌な気分で車を走らせ、お次は「マカイ・リサーチ・ピア❸」へ。この桟橋での撮影は少し前にフォトジェニックと話題になったけれど、なんとなく恥ずかしくて自分を入れての写真は未経験。でも今日は気分がいいせいか、恥ずかしさも軽減してとうとう自分まで入っての撮影タイム。

これが、いわゆる”ハワイマジック“（笑）。桟橋の奥行がわかるように撮影するのがポイントです。せっかくだし、と思いきってトライしてみたらいい思い出ができました。

さらに車を走らせ「ワイマナロ・ビーチパーク」のすぐお隣にある、私がよく行く秘密のビーチへ。プレートランチ店「ケネケス」の裏手、住宅街の小道を抜けるとクリームソーダカラーの静かなビーチが広がります。このあたりのローカルの方にビーチ名を尋ねると、ここもワイマナロ・ビーチの一部だよと。シャワーやレストルームはないけれど、静かな美しい海辺を眺めるには最高の場所。思いっきり伸びをしたり、サラサラした心地よい砂浜を裸足で歩くと、バタバタとした日常から解放されて肩の力が抜けていくよう。

“自分だけのうっとりスポットを見つけるのも、大人ハワイの醍醐味”

“ヘルシーメニューが揃う 人気のカフェで体に優しいブランチを”

@ The Beet Box Café

カイルアの街に到着したら、ブランチに「ザ・ビート・ボックス・カフェ❺」へ。ヘルシーなジュースメニューから、ビーツを使ったビートボックスジュースを。フードは、スクランブルエッグやアボカドなどをサンドしたワッツフォーブレックファスト。食べやすく、味付けもgood！ 朝食メニューですが1日中オーダーできます。

“歩いて回れるエリアに人気店が集結！ スーパー巡りも楽しい”

食後は移動して新しくなった「ダウン・トゥ・アース（カイルア店）❻」へ。見逃せないのは、「ダウン・トゥ・アース」でしか取り扱いのないコーナー。広くなったデリコーナーもじっくり見て回りたい。スーパーフードやオーガニックフードもくまなくチェックします。スーパーにいると時間が過ぎるのがあっという間。ご近所にある「ホールフーズ・マーケット」や「ターゲット」も必ず行きたいスポット。

@ Down to Earth

@ Waimanalo Beach

このあとは、予約をしていたレイをピックアップするため「レイ・ライ・スタジオ⑦」へ。鮮やかさとシックさが絶妙なバランスで表現されたレイや花かんむりなどをオーダーすることができるフラワースタジオ。今回も手にしたレイのセンスに感激♡ 感謝の気持ちを込めて友人に贈りたくてオーダーしたのですが、あまりのかわいさに撮影タイムとなってしまいました。ついつい興奮したので、クールダウンに「ナル・ヘルス・バー・アンド・カフェ⑧」へ。お目当ては、ミルクやジュースなどを混ぜていない絶品のアサイーボウル。何が違うってアサイーの濃さが違います。

@ Lei Lai Studio

“ハワイのレイは贈る相手への感謝や祝福、
愛情を込めたすてきなもの。
それにならって私もオーダー”

@ Nalu Health Bar & Café

　カイルア滞在の最後には、再び「ダウン・トゥ・アース」へ。さっきチェックしたドリンクやヨーグルト、チーズなどの冷蔵ものを購入して保冷バッグに入れたら完了！ ゆるく楽しくヘルシーな過ごし方で、きっと優しい笑顔になれるはず。

More INFORMATION

+Café

Lanikai Juice
ラニカイジュース
（カイルア店）

カイルア生まれの老舗ジュース屋。
ピタヤボウルはピカイチの美味しさ。

MAP P.130- カイルア
600 Kailua Rd., Kailua
262-2383
6:00 ～ 20:00（日 7:00 ～ 19:00）
無休　○
www.lanikaijuice.com

Morning Brew
モーニングブリュー
（カイルア店）

カイルアの老舗カフェ。生地ふんわりの
自家製ビーガンマフィンがおすすめ。

MAP P. 130- カイルア
600 Kailua Rd., Kailua
262-7770
6:00 ～ 18:00
無休　○
www.morningbrewhawaii.com

+SHOP

Whole Foods Market
ホールフーズ・
マーケット（カイルア店）

地域密着型で充実の品揃え。
オーダー後に作るジュースバーも魅力。

MAP P. 130- カイルア
629 Kailua Rd. Ste 100, Kailua
263-6800　7:00 ～ 22:00
無休　○
wholefoodsmarket.com

Target
ターゲット（カイルア店）

品揃えの良さとお買い物のしやすさが魅力。
お手洗い休憩にも◎。

MAP P. 130- カイルア
345 Hahani St., Kailua　489-9319
7:00 ～ 22:00　無休　○
target.com

THE KAILUA and EAST COAST ROUTE

01

Makapuu Point Lighthouse Trail
マカプウ・ライトハウス・トレイル

MAP P.130- 全図 D2
Kalanianaole Hwy., Waimanalo
7:00 ～ 18:30（季節により変動あり）
無休　$ 無料

02

Kaiwa Ridge Trail
カイヴァリッジ・トレイル

MAP P.130- 全図 D2
Kaelepulu Dr., Kailua
日の出から日没　無休　$ 無料

03

Makai Research Pier
マカイ・リサーチ・ピア

MAP P.130- 全図 D2
Kalanianaole Hwy.,
Waimanalo

04

Waimanalo Beach
ワイマナロ・ビーチ

MAP P.130- 全図 D2
Kalanianaole Hwy.,
Waimanalo

05

The Beet Box Café
ザ・ビート・ボックス・
カフェ（カイルア店）

MAP → P.054

06

Down to Earth Organic & Natural
ダウン・トゥ・アース・オーガニック＆ナチュラル（カイルア店）

DATA → P.075

07

Lei Lai Studio
レイ・ライ・スタジオ

DATA → P.106

08

Nalu Health Bar & Café
ナル・ヘルス・バー・アンド・カフェ（カイルア店）

MAP P.130- カイルア
131 Hekili St., Kailua
263-6258　9:00 ～ 18:00
無休　○
naluhealthbar.com

COLUMN

ハワイ旅のこだわり 01

theme: MY FAVORITE TOWN

訪れるたびに立ち寄ってしまう
ハワイの大好きな場所

その街ならではの特別な空気感にひかれて、ハワイを訪れると毎回必ず行く街があります。
気持ちよく充電できたり、ちょっと落ち着いたり……と身も心も解放されるような、
そんな心地よい私のとっておきのエリアをご紹介します。

TOWN 02

贅沢な静けさを感じる街。

Kahala カハラ

高級住宅街の先にある「ザ・カハラ・ホテル&リゾート」内のお店でゆったりと食事をする時間に安らぎを感じています。また「カハラモール」は有名店のハワイ第1号の場所に選ばれることも多々。スターバックスはここが最初！「ホールフーズ・マーケット」（➡ P.72）もここからスタート。今はありませんが、昔はシナモンロールの「シナボン」もここだけでした。流行発信的な要素もある街です。

TOWN 01

緑に癒やされるかわいい街。

Manoa マノア

緑に囲まれ雨が多い地区だからこそ、虹の出現率が高くハワイらしい街。小さくても魅力的なお店が点在している、ほのぼのとした空気感も大好き。街の象徴のような緑色のスターバックスは、もはや旅行者にとってお約束の撮影スポット。さらに毎回この街に立ち寄る最大の理由は「モーニング・グラス・コーヒー＋カフェ」（➡ P.59）。ハワイで一番好きなカフェで、なくてはならないスポットです。

TOWN 04

マリーナがある閑静な街。

Hawaii Kai ハワイカイ

オアフ島東海岸ドライブ時に必ず立ち寄るこの街は、人気の観光スポット「ハナウマ湾」の手前にある高級住宅街。マリーナ沿いにある「ココマリーナ・ショッピングセンター」でのんびりお茶をしたり、「コストコ」（➡ P.79）でのアメリカンなショッピングを楽しんだりと、毎回ハズせないスポット。ハワイには数店舗「コストコ」がありますが、ここが一番場所的にもおすすめで、きれいです。

TOWN 03

にぎやかさも心地よい街。

Waikiki ワイキキ

ワイキキなんて日本人ばかり、と以前はそう感じることもありました。ショッピングのイメージが強い街ですが、歩いてみると静かなビーチや公園、歴史スポット、きれいに咲く花々など自然にあふれています。好きなのは、早朝のまだ静かな時間帯のお散歩。空気が澄んでいて足取りも軽やかになります。真逆ですが、夜のにぎやかなカラカウア通りも好き。これもまたハワイらしさを感じます。

my favorite...

Gourmet

RISA's 偏愛グルメ

旅の醍醐味はやはり“食”。

旅先での食事は、旅の印象を左右する

重要な要素だと思っています。

だから一食もはずしたくない！

そうなると大切なのはセレクションです。

私が感じる最近のハワイグルメの傾向は、

地産地消と手作り感。

そこで食事するだけで気分が上がる

リラックス＆おしゃれな空間がトレンドで、

“ヘルシーなのに美味しい”を実現している

お店が増えました。なかでも小ポーションで見た目もかわいく、

いろいろ楽しめるお店が私の好み。

数あるお気に入りリストのなかから、

大人女子向けにグルメ情報を厳選しました。

オーダー方など、より楽しめるコツも公開していますので、

あなたのお気に入りが見つかるとうれしいです。

RISA'S
RECOMMENDATION!

New Favorite RESTAURANT

登場してたちまち偏愛した♥最新レストラン

ステーキは麹で包んでうま味を引き出しています。ししとうの辛味もアクセントに。シェフの自信作のひとつです

1

2

3

1 ハワイ産の鮑を味噌などで料理したコナアバロニ$19は必食 2 2021年6月までの期間限定営業。そのあとは改装を経て再びオープン予定 3 土鍋でグツグツ煮込まれたロブスター・ホット・ポット$49は、コシヒカリと一緒に。大のお気に入り

Risa's ♥ Tips

マンゴーの
アイスもおすすめ！

必食のクッキージャー$18は、高品質のチョコとクリームだけで作ったチョコレートソースにディップして楽しむスタイル。甘ったるくない大人のためのチョコチップクッキーです。その美味しさにメロメロ。

プライムリブアイ $59

美味しさが記憶に残る、ワールドクラスの名店

数々の名店や5スターホテルで活躍し、ハレクラニのエグゼクティブシェフも務めたヴィクラム・ガーグ氏のレストランが2019年6月にオープン。さっそく訪れてみたところ、期待を上回る斬新な料理の数々に味覚が刺激され、手にしたカトラリーの動きがついつい速くなってしまいました。なんと滞在中に何度も訪問。これは私が〝感激級の美味しさ〟を感じた証。そんなお店がハワイに誕生して、うれしい限りです。

ヴィクラム氏が作るのは、料理のカテゴリーに収まりきらない、うま味やスパイスを絶妙なバランスで効かせた彼だけのオリジナル・キュイジーヌ。一流シェフになった今でも新たな美味しさを求めてときおり海を渡っているとか。インスピレーションを多く受けた和食からは味噌など日本独自の食材も取り入れています。また〝食感〟を大事にしているのが印象的で、1度のディナーでさまざまな食感が楽しめるよう、工夫が施されています。圧倒的な創造性と実力を兼ね備えた同店は、早くも私の通いたくなるお店リストに加わったのです！

TBD...　TBD...

MAP P.132- ホノルル C2
2885 Kalakaua Ave.
ロータス・ホノルル・ホテル内
791-5164
17:00～21:00
(金・土～23:00)
月　○
www.tbdhawaii.com

うっとりPOINT★　ヴィクラム氏の料理のプレゼンテーションは、五感を刺激する感動級のもの。見て味わって香ってもうっとりです。

1 店内に入らず、外のカウンターからもオーダー可能 **2** 店内は狭く、オーダーカウンターとテーブルがひとつ。テラス席のほうが断然広い！ オリジナル商品の販売も開始

テンション⤴間違いなし センス抜群の人気カフェ

ローカルに、そして旅行者にも大人気のカフェがリニューアル。場所は以前と同じソルト内ですが、中央エリアに移転しました。アーヴォといえば、カカアコ人気を牽引したハワイおしゃれカフェの代名詞。数ヵ月間の改装期間を経て、メニュー内容はもちろん外観や内装の色合い、雰囲気にいたるまでますますパワーアップしています。決して派手に主張することはなく、やわらかなおしゃれ感がたまらなく好み♡ いつも混み合っていますが、ドリンクやフードのかわいさ&美味しさは女子が気に入ること間違いなし。ぜひ時間に余裕をもって体感しに行ってください。

Risa's ♥ Tips

フードをより美味しく&ビジュアルよくするなら、基本メニューにトッピングするのがおすすめ♡ かわいさ不要の男性ならエッグサラダトースト$7.3+ スモークサーモン$4を！

3 ローデッド・アーヴォトースト $9.8+ オーガニック・ポーチドエッグ $1.5 **4** 新メニューのリコッタトーストはトッピングのバランスが◎。ミートボールはサラダに追加したり、トーストを添えて楽しんで

Arvo アーヴォ

MAP P.138- カカアコ 324 Coral St. Suite1A-104b 312-3979
7:30～17:00（土 8:30～、日 8:30～16:00） 無休 ○
www.arvocafe.com/store

チーズプレート $24

1 セルフワインは3、5、10オンスの量から選択。チーズはペコリー、ブルーチーズ、マンチェゴの3種類 2 グリルチーズサンドイッチ＆スープ＆サラダ$14.95は長年注文するひと品 3 カフェメニュー長年のお気に入り、パパイヤヨーグルト$10

こちらも オススメ〜！

4 ワインのほかにシャンパン、ビール、日本酒、カクテルもあり。和牛のリブアイなどフードメニューも充実！

女性ひとりでも入りやすい おしゃれなワインバー

大好きな「アイランド・ヴィンテージ・コーヒー」が、すぐ隣に姉妹店をオープン！予想どおり、速攻でリピートリスト入りしました。開放的な店内は、洗練された空間で居心地抜群。お気に入りは明るい時間帯のガーデン側シートで、まるで森林浴をしている気分になります。お店自慢のワインは豊富なリストに加えて、赤24種、白16種をカード式のワインサーバーから注ぐセルフスタイルも。そして私的にうれしいのは、お隣のメニューが注文できること！お酒が飲める飲めないに関係なく、幅広いシーンで自分好みに使えるんです。人気のアヒポケボウルを、お好きなワインと一緒に楽しんでみては。

Risa's ♥ Tips

店内の奥に見える木々をすみかにしているのが、真っ白でかわいい鳥“マヌオクー”。白い妖精と呼ばれるこの鳥と出会えたら「今日はハッピーになりそう」と勝手に決めています！

Island Vintage Wine Bar

アイランド・ヴィンテージ・ワインバー

MAP P.135- ワイキキ B2 2301 Kalakaua Ave. C-212 ロイヤル・ハワイアン・センター内 799-9463 7:30～23:00（フードL.O.22:00） 無休 ○ www.islandvintagewinebar.com

うっとりPOINT★ ワイキキの喧騒とは一線を画した、心が落ち着くうっとりスポット。女友達を連れて行きたいお店です。

グルメな街に進出した 実力ありの人気ブランチ店

レストラン選びのマイルール。それは〝ハワイにしかないお店に行く〟こと。そのルールを曲げてでも、行きたいと思わせてくれるお店のひとつが、日本上陸済みのこちら。店内は地元の方であふれ、素材にこだわったひと工夫あるブランチメニューが魅力。この雰囲気はやっぱりハワイでしか味わえない！一番のお気に入りは季節の野菜をふんだんに使ったベジタブルフリッタータ。平らに丸く焼いたオープンオムレツです。そしてハニーバタービスケットもはずせません。オーナーのモケさんは、ハレクラニ時代のシェフ・マブロ氏のもとで腕を磨いた方。気軽だけれど、確かな技術で納得の味を堪能できるのです。

Moke's

モケズ（カイムキ店）

MAP P.139- カイムキ
1127 11th Ave. Suite201
367-0571 6:30～14:00
火 ○
www.mokeshawaii.com

Seasonal Tips

夏季限定の「マンゴーパンケーキ」は要チェック。定番のリリコイパンケーキも食べたい私は、リリコイソースを追加。ソースは別添えにして、両方の味を楽しみます。ちょっと裏技的オーダー♡

1 焼きたてのビスケットには、自家製のハニーバターをつけて
2 本店はカイルア。カイムキ店は息子のケオラさんが切り盛り
3 フルーティなリリコイソースはくどさゼロ。甘酸っぱさがクセになります

1 自家製バンズにグラスフェッドビーフのパテ、ナウ&ヒアバーガー$28
2 バーカウンターでパラダイスシティ$14など人気のカクテルを
3 ハワイ産の食材をフレンチの技法でアレンジしたクラブケーキ$21

スタイリッシュなラウンジは大人が会話を楽しめる空間

老舗ステーキハウスがプロデュースするフレンチレストラン、「ラ・ヴィ」内にある、大人のためのくつろぎ空間。ランチやお茶、ディナー前のアペリティフを楽しんだりと思いおもいに過ごせます。毎日13～15時に行われるアフタヌーンティーも要チェック。

The Lounge ザ・ラウンジ

MAP P.135- ワイキキ A1
383 Kalaimoku St. ザ・リッツ・カールトン・ワイキキ・レジデンス内
729-9729
11:00 ～ 22:00
無休 ○

Risa's ♥ Tips

注目のアフタヌーンティーで使用されるお茶は、フランスのダマンフレール。茶葉を目の前でカットしてくれるので、香りも十二分に楽しめます。

スペイン&イタリア料理がカジュアルに楽しめる人気店

少人数でも楽しめるタパスメニューからピザやパエリア、炭火焼き料理など豊富なメニューがうれしいお店。お気に入りはスペインの雑炊、クラムカルドソ $23。マニラクラムのうま味がぎゅっと詰まったスープとお米を口にすると、思わずほおがゆるんでしまいます。

Rigo SPANISH ITALIAN

リゴ スパニッシュイタリアン

MAP P.132- ホノルル C1
885 Kapahulu Ave.
735-9760
11:30 ～ 24:00
無休 ○
rigohawaii.com

1 クラムカルドソのほか、女性におすすめサーモンマリネ $6、人気のアヒージョ $9 2 ピザ窯はイタリアから、薪はハワイ産キアヴェを使用 3 個室もありパーティなどにもぴったりな雰囲気

Risa's ♥ Tips

「壺ごはん」と勝手に呼んでいるクラムカルドソやスペイン製オーブンを使ったグリルなど、ハワイでは少ないスペイン料理を楽しめるのが魅力。

うっとり POINT★ モケズは店内がキュート。置物や壁紙にかわいさを感じ思わず笑顔に。女性ひとりでも入りやすい雰囲気も◎！

ヘルシー派におすすめしたい連日満席のミャンマー料理店

アジア各国の料理が融合したミャンマー料理。大人気店の2号店は、伝統料理から現代風にアレンジしたものまでメニューが豊富。発酵茶葉を使ったティーリーフ・サラダは必食です。油っぽさより野菜や豆類、スパイスを多用したメニューが多く、ヘルシー女子も大満足！

Rangoon Burmese Kitchen

ラングーン・バーミーズ・キッチン

MAP P.138- ダウンタウン 1131 Nuuanu Ave. 367-0645 11:00～14:00、17:00～22:00 日 ○ rangoon-burmese-kitchen.business.site

1 本店ダゴンより広くておしゃれ。エキゾチックな店内は女性好み 2 ミャンマーの伝統的なサラダのラングーン・ティーリーフ・サラダ $14 3 お気に入りのココナッツヌードルスープ $16は自家製チリソースも絶品

お好みで入れて♡

Risa's ♥ Tips

2号店限定ラングーン・ティーリーフ・サラダはキャベツ、両店共通のティーリーフ・サラダはロメインレタスを使用するという違いが。

ハワイの伝統料理をモダンに香るトリュフフライは必食

カルアポークを使ったサンドイッチが人気の「コノズ」が手がけるレストラン。全体的に食べ応えのある料理が多いですが、実にていねいに作られています。ヘルシー派ならビーガンバーガー $22がおすすめ。味つけがいいので満足度が高いです。

The Surfing Pig

ザ・サーフィン・ピッグ

MAP P.139- カイムキ 3605 Waialae Ave. 744-1992 11:00～14:00（土・日 10:00～14:00）、16:00～21:30（金・土 16:00～22:30） 無休 ○ thesurfingpighawaii.com

1 サイドのトリュフフライは香りと塩気が絶妙。SPバーガー$18
2 1階はカウンター席、2階はテーブル席。カクテルも人気
3 シラチャ・フライド・ライス$15はローカルが大好きなメニュー

Risa's ♥ Tips

辛いもの好きなら3種の自家製ホットソースを使って。人気はスモーキー風味のCHIPOTLE（チポトレ）。ほかにフルーティな味やハバネロもあり。

1 手前からパッション・チーズケーキ$8.5、クロンヌ・ド・ショコラ$8.5

2 甘酸っぱいパッションフルーツ・ミルクレープ $9 も人気　3 一番人気のシグニチャー・ミルクレープ $9 は、私も大好きなひと品

NY 発の大人気ミルクレープ
大人女子におすすめのカフェ

多くのメディアで取り上げられてきた有名店がワイキキに上陸。何層にも重ねられた繊細なミルクレープはひと口食べるとたちまち虜に。口の中でとろける上品なクリームは、さすが。ドリンクもおすすめなので店内でぜひ楽しんでもらいたいです。

Risa's ♥ Tips

内装の電気カバーは何とバカラ♡ 新鮮なミントを使用したドリンクやローズティーラテなど、華やかなドリンクも見逃せません。

Lady M at Waikiki Tea

レディーM・アット・ワイキキ・ティー

MAP P.135- ワイキキ A2
234 Beach Walk　886-6000
11:00 ～ 21:00　無休　○
waikikiteahouse.com

かわいさに思わず目がハート♡
カイムキに移転したケーキ屋さん

イートインスペースができドリンクメニューも登場した女子度が高いお店。新メニューのチーズケーキ $4.25 ～とアイスティーピニャコラーダ $4.5 は相性◎。カップケーキは「ディーン＆デルーカ」で購入でき、「ザ・ラウンジ」(→ P.35) でも提供中。

We Heart Cake Company

ウィー・ハート・ケーキカンパニー

MAP P.139- カイムキ　3468 Waialae Ave.　533-2253
10:00 ～ 16:00　月　○
weheartcakecompany.com

Risa's ♥ Tips

オーナーのカナさんは 5 人のキッズを育てるママ。キュートセンサー抜群なので、ウエディングや記念日のケーキを長年お願いしています。

1 テンションが上がるキュートなカップケーキは $4.25 ～。生地はしっとり　2 自家製シロップで作るベリーベリー・ストロベリー・レモネード $5　3 ホニホニクッキー、パーティミックス各 $6 は、おみやげにも

うっとり POINT ★　ウィー・ハートのケーキは安心安全な素材で、愛情もたっぷり！ オーダーケーキは、目がうっとりハートになるかわいさです。

「ピエール・エルメ」で修業を積み、ミシュラン星付きレストランでヘッドパティスリーシェフを務めていた女性シェフのレシピで作るペストリーにぞっこん。一番人気はクイニーアマン

take a break...

DEAREST CAFE

ハワイで楽しいカフェ巡り。
カフェ好きの私が持つ膨大なリストから、
今お気に入りのお店をご紹介します。

02

01

Kona Coffee Purveyors

コナコーヒー・パーベイヤーズ

絶対に食べたいペストリーがある 利便性最強のワイキキいち押しカフェ

滞在中に通うのは、"場所・営業時間・味"と三拍子揃ったカフェだから。ハワイならではのコナコーヒーが楽しめるのもうれしいポイント。土日限定のマカロンは毎週フレーバーが変わるので、密かな人気です。

MAP P.135- ワイキキ B1
2330 Kalakaua Ave. Unit160 ☎ 450-2364
6:00～22:00 無休
○ konacoffeepurveyors.com

01. 単一農園から収穫するシングル・エステートのコーヒー豆を使うカフェ 02. バゲットサンドイッチ $8.5 は 11 時から販売 03. クイニーアマンは３種類ほど。お気に入りはブラックセサミ $6.5。季節のフレーバーも楽しみ

03

Waioli Kitchen & Bake Shop

ワイオリ・キッチン＆ベイク・ショップ

マノアのマイナスイオンを実感 お気に入りの朝食スポット

癒やしと、ぬくもりを感じるカフェ。オーナーはアルコール依存などの更正プログラムとして職場を提供し、社会復帰を支援。澄んだ空気感が好きで、私は朝によく行きます。

MAP P.133- ホノルル B1
2950 Manoa Rd.
☎ 744-1619
7:30～14:00 月
○ waiolikitchen.com

03.1922 年建造の歴史ある建物 04. 入口前の空間は、緑あふれる癒やしスポット。目の前のワイオリ教会も雰囲気抜群！

01. ストロベリーホワイトチョコレートマフィンとブルーベリークリームチーズスコーン各 $3.5 02. 奥はブレックファストサンドイッチ $7.5。アボカド $1.5 とベーコン $3 を追加

03

04

01

02

03

ナチュラルなクリームソーダは自信作

03. 人工着色料や甘味料、保存料不使用のシロップを使ったソーダが人気。エヒトクリーム（ラズベリー）$5　04. 優しい緑の壁が印象的。フードメニューも豊富なので、ブランチをしながらゆっくり過ごすのも大人ハワイの醍醐味

| マンダリンオレンジ クランベリーマフィン $ 3.5 |
| リリコイ チーズケーキ $ 5.5 |

01

Raintree Bakery Coffeehouse

レインツリー・ベーカリー・コーヒーハウス

ゆったり読書を楽しみたい そんな気になるほっこりカフェ

ホノルル美術館見学後にふらりと立ち寄るカフェ。旅行者にとっては一見入りにくい外観ですが、店内は何ともあたたかいかわいい空間。種類豊富な自家製マフィンがおすすめです。

MAP P.137- アラモアナ B1　1110 Pensacola St.　543-5993
7:00 ～ 16:00
月　10 ドル以上で可能
raintree-bakery-coffeehouse-honolulu.sites.tablehero.com

04

01. カプチーノ $3.75　02. 紳士なサーバーのエリオットさんが、元研究員で医療機関にもいたジェリーさんと始めたカフェ。ペストリーを作るジェリーさんは「料理はサイエンスと一緒。美味しい化学反応を起こしているよ」とにっこり

おいしくて体に優しいものを揃えています

02

Up Roll Café

アップ・ロール・カフェ・ホノルル

ウオールアート散策を楽しんだら ヘルシーなロール寿司とドリンクを

新鮮なハワイの食材と自家製ドレッシングで作るロール寿司は、ご飯を玄米やサラダ、キヌアにも変えられてヘルシーにオーダーできるからうれしい。

デザートには食べてきれいに♡がテーマのヘルシーピタヤグラノーラ $8.5

MAP P.138- カカアコ　665 Halekauwila St.　909-475-0099　10:00 ～ 20:00（土～ 15:00）　日　○
www.uprollcafe.com

金額は変わらないけれど、ご飯の量はリクエスト可能。少なくするときはオーダーシートのご飯の欄に「Less Rice」と記入して

こちらはカカアコ店で、パールシティ店もあり。2019 年末にカイルアのダウン・トゥ・アースのそばに新しい店舗をオープンしたばかり

| プランテーション アイスティー $ 5.5 |
| アヒ ラバー $ 12.75 |
| アボカド $1+ 豆腐 $ 0.25 |

パイナップルソルベと無糖のブラックティーで作るプランテーションアイスティーは、フルーティな新食感スラッシー

コールドプレスジュース パーフェクトスタート	$ 8.25
グルテンフリービーガンバナナブレッド	$ 3.95
ブルーツリーアサイーボウル	$ 9.5

01

ボバを黒糖で煮て甘みを付けているので、風味がよく美味しいと評判。やわらかな食感が絶妙

01

02

01. 自家製のアーモンドミルクを加えて作るブルーツリーアサイーボウルはお肌にも◎ 02. 赤はザ・ルート、緑はスーパージュース各 $8.75

03

03. 階段を上がるとテーブル席あり 04. デトックス効果があるコールドプレスジュースグリーングロウ $9.25 もリピート

04

Blue Tree Cafe

ブルー・ツリー・カフェ（カカアコ店）

体内デトックスしたいときの駆け込みヘルシーカフェ

ヘルシーに着目したビーガン、ベジタリアンフレンドリーなカフェ。効果別に数種類あるコールドプレスジュースは、飲むと体内が喜ぶ感じですっきりします。

MAP P.138- カカアコ 600 Ala Moana Blvd. 536-2222 6:00～18:00(土・日 8:00～) 無休 ○
www.bluetreejuice.com

01

02

01. 甘さはいつも 25% で 02. ブラウンシュガーミルクティー（L）$4.5+ブラウンシュガーボバ $0.75+ ブリュレチーズフォーム $1 03. 上面をバーナーでカリッと

03

HANA TEA

ハナ・ティー

ロコでいつも行列の人気店新鮮さがうれしいボバティー

茶葉感と、あたたかく風味のあるボバ（タピオカ）が魅力。作り置きはせず、毎時間お茶とボバを作りフレッシュなものを提供し続けているという誠実なお店です。

MAP P.133- ホノルル A2 1111 Dillingham Blvd. Suite E2 376-8139 10:30～21:30（金・土～22:00） 無休 ○

02

03

01. サクサクのクロワッサン 02. 風が気持ちいい店内 03. ピクニックバッグ $28 はヨーグルトやフルーツ 2 種類、サラダやラップ 2 種類、お水 2 本、チップスふたつが付く（1 本につき $1 足すと、お水をコーヒーに変更できる）

Knots Coffee Roasters

ノッツ・コーヒー・ロースターズ

ホノルル動物園のすぐ近く話題のホテル内にあるカフェ

1 日中楽しめるカフェ。コーヒーはハワイ島「デイライト・マインド・コーヒーカンパニー」のロースターが厳選した豆を使用。ビールやワインなどアルコールもあり。

MAP P.134- ワイキキ D2
150 Kapahulu Ave. クイーンカピオラニホテル内 931-4482 6:00～20:00、ハッピーアワー 14:00～16:00 無休 ○ www.knotscoffee.com

コールドブリュー (L) $4.5
アイスソイラテ(L) $6 カプチーノ $4
01

01. 手搾りのレモネードや、アールグレイやほうじ茶で作るロイヤルミルクティーも◎ 02. アートが飾られた店内は、ギャラリーのよう。購入も可能 03. フードのリピートメニューはマッシュルームトースト $8.5。サイドのサラダも山盛りでヘルシー

ARS CAFE

アース・カフェ

シックであたたかみのある店内 フードも楽しめる大人カフェ

世界中から厳選したコーヒーを、落ち着いた店内で。フードメニューはヘルシーなものが多く、自家製ペストリーもあるので、朝食スポットとしても使い勝手抜群。

MAP P.139- モンサラット
3116 Monsarrat Ave. 734-7897
6:30～18:00（日8:00～） 無休
○ ars-cafe.com

カフェラテ $4.15
ポイバナナ ブレッド $3.5
01

01.「Hi-Pie」のポイバナナブレッドやクッキー、キッシュを常備。絶妙な加減で温めてくれるのもうれしい 02. 地元の人にだけではなく、旅行者にも優しく親切な接客。また行きたくなるカフェ 03. ハワイのコーヒーは「ビッグ・アイランド・コーヒー・ロースターズ」の豆を使用

The Curb

ザ・カーブ

ローカルに愛されている カイムキのスローなカフェ

地元の人々がゆっくりとコーヒーを楽しんでいるせいか、訪れるとここに暮らしているような、そんな気になるカフェ。自宅近くにあると絶対にうれしい雰囲気です。

MAP P.139- カイムキ
3408 Waialae Ave. Ste2 367-0757
6:30～16:00（土・日7:00～15:00） 無休
○ thecurbkaimuki.com

アメリカーノ $3.34 アイスラテ $4.54
エナジーバー $3.1
01

01. ペストリーは、カイムキの「パイプライン」のものを置いていて人気 02. 地元で「マーチャント・ストリート・ヒストリック・ディストリクト」と呼ばれる築100年以上のビルが建ち並ぶ通りにある 03. どの顔がお好き？

SMILE

Brue Bar

ブリュー・バー

歴史的なビルの１階にある 絵になるシックなカフェ

ローカル度が高く、風味豊かなアイスラテが好きなカフェ。Brue Moji（ブリューモジ）と呼ばれて親しまれている、コーヒースリーブの絵文字もかわいい♡

MAP P.138- ダウンタウン
119 Merchant St. 441-4470
7:00～16:00 土・日 ○
www.bruebar.com

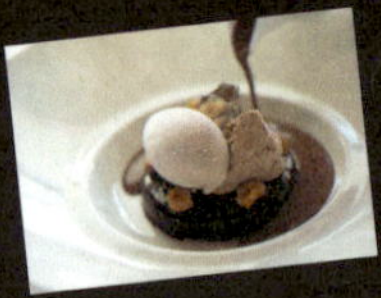

1

1 チョコレート生地のお菓子、シャンパンゼリー、ローズのコンフィとヘーゼルナッツ $29　3 サーフアンドターフ、ビーフのタルタルをしめ鯖とイクラ、ウニのトッピングとともに、キュウリとコリアンダーのコンソメソース添え $47　4 お皿に描かれている赤いソースにはトマトと少しチョリソーが

RISA'S RECOMMENDATION!

Dress-up DINNER

滞在中に一度はドレスアップしてお食事を

気品に満ちた特別な空間で洗練されたお料理に舌鼓

ハレクラニ本館2階にあるフレンチレストラン。ここは私にとって〝記憶に残るハワイディナー〟の筆頭格。理由は、「味・サービス・雰囲気・景観」すべてにおいて感動を覚えるから。全米で最も厳格な審査と権威で知られるフォーブストラベルガイドで最高の5つ星を受賞するほか、全米自動車協会（AAA）によるレストラン格付けで最高位の5ダイヤモンドを獲得し続ける名店です。こうした栄誉に甘んじることなく、時代とともに進化をし続けるメニューは、ハワイで一度は食べるべき逸品。特別な日に大切な人と一緒に、ロマンティックな口福時間をお楽しみください。くれぐれも予約はお忘れなく！

ロブスターのポッシェとチョリソーソーセージ
イカ墨のニョッキとチョリソーのクリームソース
$75

4

3

2

2 プライベートダイニングルームは、ウエディングなど特別な日にも人気

La Mer　ラ・メール

MAP P.135- ワイキキ A2
2199 Kalia Rd. ハレクラニ内
923-2311
17:30 ～ 21:30
無休
○

Risa's ♥ Tips

私はいつもオープンと同時に予約します。フラとダイヤモンドヘッドが見える一番奥のオーシャンサイドの席をリクエスト。波の音とスチールギターが聴こえるこの場所が大好き♡

1

ほかでは絶対に味わえない ハワイ×最高峰江戸前寿司

名匠中澤氏の技と情熱によって、ハワイで最高峰の江戸前寿司が堪能できる貴重なお店。「漁師さんの釣り方、魚屋さんの処理の仕方があり、そのバトンをつないで寿司職人が手間暇かけることで、美味しいものを提供できる」と、そのこだわりを目の前で熱く語っていただき感激。王族が食べていた魚「モイ」は塩や酢で1週間寝かせてから3週間赤シャリ麹で発酵させているそう。また厳しい基準を満たす魚介類を確保するため、独自ルートの開拓に自ら飛び回っているとのこと。ハワイならではの食材や旬のものが存分に生かされ、好奇心もくすぐられます。美味しく美しい芸術品のような寿司は必食です。

2

4

3

1 メニューはおまかせコースのみ。檜カウンター10席、屋久杉カウンター6席がある 2 厳選された酒とのマリアージュも楽しい。レアなハワイ産芋焼酎「波花」のすし匠限定ものもあり 3 サンタ・バーバラからの直送のウニは低温で蒸したもの 4 アラスカの貴重なカッパーリバーサーモン。半日ほど昆布でしめる

Sushi Sho すし匠

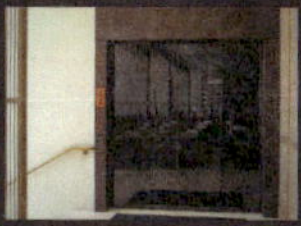

MAP P.135- ワイキキ A1
383 Kalaimoku St. ザ・リッツ・カールトン・ワイキキ・レジデンス内
729-9717 17:00 ~ 19:30、20:00 ~ 22:30（1日2回完全予約制）
日 ○

Risa's ♥ Tips

奥の部屋には屋久杉の一枚板の贅沢なカウンターがあり大人4名以上で貸切可能。その場合は13歳以下の子供もOKなので、子連れの友人と行く際はこちらを指定します。

うっとりPOINT★ 一流の寿司職人の技術と、一品一品に込められた情熱を、目の前で見て感じることができる幸せな空間は感動の連続。

モリンガパウダー使用のチャード・キャベジは見て美しく食べてヘルシーな一品

有名店出身シェフが作る洗練された新感覚の美料理

ちょっぴりおしゃれして、ツウなお店でランチを楽しみたい。そんなときはこちらの予約必須の人気店へ。場所はダウンタウンですが、明るい時間帯なら女子会にもおすすめ。ランチのプリフィックスコースは、デザートも含め3品選べます。初めてならセニアを知るうえで大切なメニュー「チャード・キャベジ」をオーダーして。看板メニューのひとつで、塩昆布を隠し味にしたキャベツのお料理。栄養価抜群のモリンガパウダーも使用しています。2度目なら、ランチならではのアヒバーガーがハワイらしくておすすめ。白菜のコールスロー入りもユニークです。ドリンクは毎日フレーバーが変わる、セニアスプリッツァーが私のマストオーダー。

1 プリフィックス1品目に選んだツナタタキはアボカドとの組み合わせが好き 2 ディナーはコース料理のみのシェフズカウンターが人気。メインテーブルではアラカルトが楽しめる

senia セニア

MAP P.138- ダウンタウン
75 N. King St. 200-5412
11:00 ～ 14:00、17:30 ～ 22:00
日、土・月のランチ ○
restaurantsenia.com

Risa's ♥ Tips

ランチ限定デザート「セニアクッキー」はトフィーとカカオニブがのったピーナッツバターチョコチップクッキー。レア度の高い人気メニューです。$3追加でアイスクリームのトッピングも。

手前のロブスター料理は味噌や黒ごまを使用。シェフズ・テイスティングメニュー $215

ファイブダイヤモンドの名店で ロマンティックなディナーを

アメリカのミシュランといわれるAAAで5ダイヤモンド獲得の名店。ローカルが記念日に訪れることでも有名です。またビーガンやベジタリアンのコースがあるのも◎。旬の素材を生かして作るためメニュー内容は時期により変わりますが、ヘルシー派にもうれしいお店。

Seasonal Tips

バレンタインウイークに出る5コースメニューと14日限定の特別コースは、お料理も雰囲気もロマンティックでおすすめです。

1 オーナーのマブロ氏（左）とエグゼクティブシェフのジェレミー・シゲカネ氏 2 料理界のアカデミー賞といわれるジェームズビアード賞も受賞

Chef Mavro

シェフ・マブロ

MAP P.136- アラモアナ D1
1969 S. King St.
944-4714
18:00～20:30
日・月 ○
www.chefmavro.com

多くの著名人を魅了する 愛されメニューの多い実力店

ハワイらしいお店で思い出に残るディナーを楽しみたい。そんなリクエストがある際に必ず名前を挙げるのがこちら。昔から人気のシグニチャーメニューから、アラン・ウォン氏の独創的なアイデアで生まれる新メニューまで、行くたびに新しい発見がある魅力にあふれた名店です。

1 ひと口で虜のハワイアンクラウンスイートゴールドパイナップルシェイブアイス $16

Seasonal Tips

毎年夏季に地元で取れた旬のライチやマンゴーを使ったデザートが登場します。これを楽しみにしているゲストも。もちろん私もそのひとりです！

Alan Wong's Honolulu

アラン・ウォンズ・ホノルル

MAP P.136- アラモアナ D1
1857 S. King St.
949-2526 17:00～22:00 無休 ○
www.alanwongs.com

2 ジンジャークラステッドオナガ $46 の旬は冬。この時期は特に美味
3 ジェームズビアード賞など数々の賞を受賞。ザガットでも高評価を獲得

 うっとりPOINT★ ドレスアップの際は冷房対策を考え、七分袖のワンピースがあると便利。すっきり1枚ワンピコーデで極上ディナーを♡

guilt free!

SANDWICH and BURGER

ハワイでやっぱり食べたいけれど、大人のチョイスは〝ヘルシー〟がキーワードです。

01. ホノルル・バーガー・カンパニーの
ポータベロ・ベジバーガー $10
スイスチーズ $1.89＋タロロール $0.25

ハワイの大地に育まれた新鮮素材が魅力のベジバーガー

肉厚なポータベロマッシュルームが食べ応え満点のベジバーガー。バンズやドレッシングが選べる楽しさもあります。サイドには女性が大好きなスイートポテトフライ。こちらもお気に入りです。

03. アール・カカアコの
アーモンドジョイ $11.5

ボリューム満点!!

ロコに人気のグルメサンドイッチ店がカカアコに進出！ 狙うはビーガン！

自家製のアーモンドリコッタを使ったサンドイッチ。ローストされたナスとパプリカの甘みで、あっさりしがちなビーガンサンドもぐっと味わい深く変身。

04. スプラウト・サンドイッチ・ショップの
クレーター $10.25
アボカド $2＋モッツァレラ $2

カリカリベーコンと地元の新鮮野菜を手作りチャパタで挟んだこちらは、ピリ辛な味つけがくせになる美味しさ。アボカドとモッツァレラを追加すると味わいがさらに豊かに。

すべてが自家製でヘルシー 野菜たっぷりのサンドイッチ

02. アイランド・ヴィンテージ・ワインバーの
グリル・マッシュルーム・バーガー $13.95

ワイキキのハズせないカフェで自慢のヘルシーバーガーに舌鼓

マッシュルームのグリルに自家製ドレッシングとビーガンのガーリックアイオリがしっかりしみ込んで◎。大好きなタロのバンズとサイドのサラダもうれしい。

04

Sprout Sandwich Shop
スプラウト・サンドイッチ・ショップ

MAP P.139- カイムキ
1154 Koko Head Ave.
なし　10:00～15:00
無休　○　www.sproutsandwichshop.com

03

E.A.R.L Kakaako
アール・カカアコ

MAP P.138- カカアコ
400 Keawe St. Suite103
744-3370　10:00～20:00（日～16:00）
無休　○
earlhawaii.com

02

Island Vintage Wine Bar
アイランド・ヴィンテージ・ワインバー

DATA → P.33

01

Honolulu Burger Co.
ホノルル・バーガー・カンパニー

MAP P.137- アラモアナ B1
1295 S. Beretania St.
626-5202　10:30～20:00（木～土～21:00）
無休　○
honoluluburgerco.com

INSIDE

ジューシー!!

05. ダイヤモンドヘッド・マーケット＆グリルの

マッシュルーム・バーガー $10

味わい深いマッシュルームの存在感 グルメな人気店の絶品バーガー

自家製パテの肉汁に、巨大なポータベロマッシュルーム。その上にオニオンのグリルというシンプルさ。ローストガーリックとバルサミコ酢を使った飽きのこない味つけに、ハマる人多数。

06. ハイクラフト・キッチンの

ビート・ミー・アップ・スコッティ $11

一流の腕が作る 「シンプル」が最高に贅沢なサンドイッチ店

NYの高級レストラン「ズマ」のエグゼクティブシェフだったカルロス氏が作るサンドイッチは、どれもシェフの技術が詰まった一品。ビーツのサンドは自家製いちじくジャムが絶妙なアクセントに。

07. プルメリア・ビーチハウスの

ビヨンドビーフ・ビーガンバーガー $24

歴史あるカハラホテルでいただく、話題の最新ビーガンバーガー

牛肉を模して植物由来の素材で作られる話題のビヨンドビーフのパテは、うっかり本物のお肉と錯覚してしまうほどのジューシーさ。静かなビーチを眺めながらテラス席でほお張って。

人気伝統料理カルアポークを今風にアレンジした人気メニュー

08. コノズ ノースショアの

チャンズ・ブレックファスト・ボンバーズ $9.5

12時間かけてじっくりローストした自慢のカルアポークは、余分な脂が落ちてホロホロと優しい味わい。人気のブリトーはサルサソースをつけてめしあがれ。

08

Kono's North Shore

コノズ ノースショア

MAP P.130- カイルア

131 Hekili St. Suite 102, Kailua 261-1144 7:00 ~ 20:00 無休 ○ www.konosnorthshore.com

07

Plumeria Beach House

プルメリア・ビーチハウス

MAP P.132- ホノルル D1 5000 Kahala Ave. ザ・カハラ・ホテル&リゾート内 739-8760 6:30 ~ 11:00（土・日～12:00）、11:00 ~ 14:00（水 11:45 ~カレービュッフェ）、17:30 ~ 22:00 無休 ○ jp.kahalaresort.com/Dining/Plumeria-Beach-House

06

HICRAFT KITCHEN

ハイクラフト・キッチン

MAP P.138- カカアコ

516 Keawe St. 379-1842 11:30 ~ 15:30（土～19:30） 日・月 ○

05

Diamond Head Market & Grill

ダイヤモンドヘッド・マーケット＆グリル

MAP P.139- モンサラット

3158 Monsarrat Ave. 732-0077 朝食8:00 ~ 10:30（土・日～11:00）、ランチ&ディナー11:00 ~ 20:30（金～日～21:00） 無休 ○ www.diamondheadmarket.com

うっとりPOINT★ ヘルスコンシャスなメニューが増加中のハワイ。これでウエートコントロールも可能だと、ほおばりながらニヤリ♡

RISA'S RECOMMENDATION!

Repeat RESTAURANT

渡ハのたびに毎回必ず行く LOVE なお店

1 朝食とランチのアラカルトメニューで一番人気のザ・モアナ・ビューティフル・マンゴーパンケーキ $23 はハワイ産マンゴーやリリコイを使用 **2** ワイキキ最古の歴史ある白亜のホテルでゆったり過ごして

3 アロハ・バスケットに含まれるパイナップルブレッドは生地がふんわりでフルーティ。こちら狙いでオーダー。ペストリーはほぼ自家製

波の音に癒やされながら最高のロケーションで朝食を

朝食は予約不可でお席のリクエストもできませんが、もしすいていればテラス席の一番海側へ。ビーチに近く最高にハワイ感を味わえます。朝食はビュッフェもありますが、アラカルトを選択するのも大人流ハワイ。私の定番はヘルシーなエッグホワイト・オムレツ。淡白なので、グリーンペッパーを入れてもらうよう裏技リクエストを（無料）。こうすると味のアクセントになり食も進みます。またメニューにはのっていませんが、ハワイならではのプランテーションアイスティー $5 もオーダー可能。ちょっとしたカスタマイズは、ハワイ通を気取れて自己満足度がグッと上がります。

Seasonal Tips

ハワイ産マンゴーの旬は夏。この時期に飲むスムージーは甘みが強く濃厚。また母の日に毎年開催されるブランチビュッフェは、普段サンデーブランチをやっていないぶんレアです。

The Veranda ザ・ベランダ

MAP P.134- ワイキキ C2 2365 Kalakaua Ave. モアナ サーフライダー ウェスティン リゾート＆スパ内 921-4600 6:00 ～ 14:30 無休 ○ www.moanasurfrider.jp/veranda.htm

コスパ最強なのに絶品！
ほっとする味の台湾中華

「美味しいものを気軽におなかいっぱい食べてほしい」と語る、台湾出身のチャーリー氏。この言葉どおり何を食べても美味で、メニュー数も100以上あるから何度行っても飽きない！こぢんまりとしてあたたかみのある店内は、いつも満席です。中国料理は油っぽいという印象がありますが、そんな心配は無用。野菜を多用し、ワンタンやパンなどの粉ものは生地からすべて手作りという徹底ぶりもうれしい限りです。人気メニューは売り切れることもあるので、私はいつも予約時にオーダーして確実に食べられるようにしています。アルコールを持ち込めるBYOB店なので、飲みたい方は近くの「セーフウェイ」で買っていくのがおすすめ。

家族経営で味を守り
続けて30年以上

Dew Drop Inn

デュー・ドロップ・イン

MAP P.137- アラモアナ B1
1088 S. Beretania St.
526-9522　11:00 ～ 14:00、17:00 ～ 22:00　土～火のランチ
○　dewdropinnhawaii.com

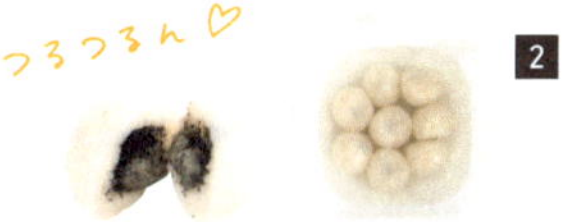

スパイシー・ソースワンタン
シュリンプ＆ポーク $ 8.95

つるつるん♡

1 最近息子さんが結婚し、さらにあったかな雰囲気に 2 自家製の黒ごまペースト入りブラックセサミ・モチボール $3.95は必食 3 車でないと行きにくい場所ですが、グループでのにぎやかな食事に最適 4 皮から手作りのシャンハイ・ベジタリアン・バンズは赤酢が合う！

Beauty Tips

ヘルシー&ビューティを意識するなら、湯葉と野菜をたっぷり使ったビーン・カード・ウィズ・チョイサムはマストメニュー。味わい豊かで毎回必ずいただくお気に入り。

うっとりPOINT★　ザ・ベランダでは、100年続くアフタヌーンティーが楽しめます。海のすぐそばという特別なロケーションは、ここならでは。

ワイキキから車で約15分
リゾート感高まる楽園レストラン

ホテルの朝食ビュッフェを楽しみたいときに、最初に頭に浮かぶレストランがこちら。ネイバーアイランドにいるような、そんな楽園ムードがありロケーションも最高。ワイキキとは違う雰囲気を楽しめます。2019年9月にビュッフェ内容が一新。ラインアップが増えてパワーアップしました。

Plumeria Beach House

プルメリア・ビーチハウス

DATA → P47

Risa's ♥ Tips

週末限定のベスト・オブ・カハラ・ディナービュッフェもおすすめ。私は17時半に予約を入れ、サンセットを存分に楽しみます。

1 朝食ビュッフェ $45
2 ヨーグルトコーナー、ロコモコステーション、パンの種類、フライドライス、ブレッドプディング、アイスコーヒーなど品揃えがさらに充実
3 朝食は暑いから店内で、ディナーはテラス席で、が私のお約束

クリスピーカラマリ$13、クラブアーティチョーク・ディップ$15。ハッピーアワーではこれも半額に

お好みのカクテルを作りますよ！

待ってます！

1 ハワイ産のフルーツを使ったハードサイダーを作るハワイのメーカー、パラダイスサイダー $10　2 クラフトカクテルの種類が豊富

女性におすすめのおしゃれ空間
午後のハッピーアワーはお得度大

海の中にいるような青壁が印象的。ランチのロブスターロール、ディナーならホワイトミソ・サーモンがマストですが、おすすめはハッピーアワー（15時～17時半）。ドラフトビールが半額、クラフトカクテルは$3オフなど雰囲気がいいぶんお得度を強く感じます。

Fish Honolulu

フィッシュ・ホノルル

MAP P.138- カカアコ
324 Coral St., Suite 205 ソルト・アット・アワ・カカアコ内　600-3160
11:00～21:00　無休
○　fishhonolulu.com

Happy Hour!

Risa's ♥ Tips

カカアコのウオールアート散策やショッピング後に、ハッピーアワーで遅めランチを。リピーターっぽい動き！と自己満足できます。

ご夫婦で歩んでつかんだ不動の人気
素材を生かした創造性あふれる料理

ジャンルや伝統にとらわれず、シェフの自由な発想が生きた料理にひかれて通っています。広島のもろみでうま味を凝縮させたステーキと、ハワイ産のフルーツで作ったシェイブアイスは、ぜひめしあがってほしい逸品♡ MWならではの工夫と味わいが楽しめます。

1 ハッピーアワーはドリンク$5、スモールプレートが$10内で楽しめる 2 ご主人がシェフで奥様がパティシエ 3 ヘルシー気分のときはモチ・クラステッド・ミセス・チェングス・トーフ$25をオーダー

MW Restaurant MWレストラン

MAP P.136- アラモアナ C1
1538 Kapiolani Blvd.
955-6505 10:30～21:00
(金、土～22:00)
土・日のランチ(10:30～16:00)
○ mwrestaurant.com

Seasonal Tips

マカハのマンゴーを使ったシェイブアイスは夏季限定。ときおりカウコーヒーのシェイブアイスが出ることもあるのでチェックしています。

1 博多の焼き鳥は「豚バラにキャベツ」からスタート。お塩まで美味 2 つくねに濃厚な卵黄をたっぷり絡めて 3 シメはいつも特製チキンラーメン$10.9。有田焼のユニークな器で登場 4 オーナーの八島氏。ハワイでは自ら焼き台へ。炭は備長炭と妥協なしの博多スタイル

Risa's ♥ Tips

トロンととろける肝は、遅い時間帯は売り切れてしまうこともある人気メニュー。ファンの私は予約の際にオーダーをします。

博多の名店がハワイでさらに進化
地産地消×職人の技術＝美味しい！

ハワイ滞在中に和食はあまり食べないけれど、八兵衛とすし匠(→P.43)は別。その理由は「確かな技術と味」。ノースショアでのびのび育った鶏肉と、創業時から継ぎ足しながら作るたれは絶品です。博多の名店の味をハワイで堪能しています。

Yakitori Hachibei
焼とりの八兵衛

MAP P.138- ダウンタウン
20 North Hotel St.
369-0088 17:00～22:00
月 ○ www.hachibei.com/en

うっとりPOINT★ ハワイへの敬意を強く感じる八兵衛。お塩はモロカイ島の希少なものを使用。焼き台に立つ職人の技術にもうっとり。

レアなワインが豊富！ 気楽に美食と美酒を堪能

世界各地を訪れ何年もかけて希少なワインを入手するという、マスターソムリエがオーナー。ワインは土壌によって味が変わるそうで、土の質を自ら調べ、どんな風味になるのかを把握するという徹底ぶり。こだわりがうれしいツウ向けのお店です。

VINO ヴィーノ

MAP P.138- カカアコ　500 Ala Moana Blvd. Suite 6F　524-8466　17:30 ～ フード L.O.21:00　月　○　vinohawaii.com

2 めったにお目にかかれないセレクションが多くあるので、ワイン好きにはたまらない

Risa's ♥ Tips

ワイン好きの友人を連れていくと「おもしろいお店を知っているね」と必ず言われるお店。ツウを気取ることができて、それもまた楽しい。

1 グリルド・スパニッシュ・オクトパス $16.95 とグリルド・アスパラガス・ミラネーゼ $17.95 はお約束
3 オーナーのチャック・フルヤ氏が、料理に合わせてワインをセレクト

2 予約の際に席の指定は不可ですが、リクエストは可能。すいていれば通してもらえる

Risa's ♥ Tips

おすすめは「海沿い角のお席」。予約時に、「corner front table facing Waikiki」とリクエストしてみて。

1 シェフズ プリフィクスメニュー $69 はアントレーが2種類ありボリューム満点
3 ふたりならコースをシェアし、あとはアラカルトで追加して

予約はオープンの 17 時半 ロマンティック指数 100% ディナー

緊張せずにロマンティックなロケーションでお食事したい♡ そんな女子やカップルにぴったりのお店。朝食のエッグベネディクトが有名ですが、ディナーはロコが多いので旅行感も味わえ、量もたっぷり。なんといっても最大の魅力は美しいサンセットです。

Hau Tree Lanai ハウ・ツリー・ラナイ

MAP P.132- ホノルル C2　2863 Kalakaua Ave. ザ・ニュー・オータニ・カイマナビーチ・ホテル内　921-7066　7:00 ～ 11:00、11:45 ～ 14:00（日 12:00 ～）、17:30 ～ 21:00　無休　○　kaimana.com/hautreelanai.htm

すご腕のエグゼクティブシェフがいるお店
ワイキキでイタリアンならこちらへ

女子会イタリアンランチでよく利用しているお店。その理由は、クリームやバターを最小限にソースをシンプルに仕上げているから。素材の味が生きています。アミューズスープ＆本日のサラダ $8 にパスタ、またはコース $46 のオーダーが満足度大♡

Taormina Sicilian Cuisine

タオルミーナ・シチリアン・キュイジーヌ

MAP P.135- ワイキキ A2
227 Lewers St. ワイキキ・ビーチ・ウォーク内
926-5050
11:00 ～ 22:00（金・土～ 23:00）　無休
○　www.taorminarestaurant.com

1 ワインは常時 150 種。マスターソムリエのロベルト氏がセレクト　2 ランチの明太子パスタは夜に裏メニューとして、ディナーのポモドーロ $22 は昼に裏メニューとして注文 OK

Risa's ♥ Tips

自家製ジェラートのジャンドゥーヤのなめらかさと味わいにぞっこん♡ メニューにないときはあれば出してくれるのでリクエストを。

時差ボケ中や胃を休めるときに最適
お野菜たっぷりの優しいベトナム料理

ハワイのベトナム料理のレベルは高く、リピーターにはそれぞれ好みのお店があるもの。いろいろ食べ比べもしていますが、私の場合はハレ・ベトナム派を長年継続中。どのメニューも優しい味わいで、特に揚げものは苦手な私も納得の軽やかさ。女性ファンが多いのも特徴です。

サマーロール $8.75 とインペリアルロール $13.5 は必食。迷う際はインペリアルロール（揚げ春巻）をおすすめ！

Hale Vietnam

ハレ・ベトナム

MAP P.139- カイムキ
1140 12th Ave.
735-7581
11:00 ～ 21:30
水　○

Beauty Tips

メニューにはありませんが「テンデン（牛すじ）」のみのフォー（M）$11.5 もオーダー可能。コラーゲンがスープに滲み出ている“飲む美容液フォー”です。

うっとり POINT★　ハウ・ツリー・ラナイはサンセットで有名なカイマナ・ビーチの前。オレンジ色に染まる、夕暮れの空色はうっとり指数高し。

気負わずにゆるくヘルシー 美味と健康を両立するお店

ビーガンやグルテンフリーのメニューが多く、極力オーガニックでローカルの素材を使用して調理。食べるたびに、“体にいいことをしている”と実感できるベジタリアンカフェです。カイルア店にはかわいいキッズメニューやスペースもあり、ママにもうれしいお店です。

The Beet Box Café

ザ・ビート・ボックス・カフェ（カイルア店）

MAP P.130- カイルア　46 Hoolai St., Kailua　262-5000　7:00～16:00　無休　○
www.thebeetboxcafe.com

1 私の定番のビートボックスブリトー $12.5（奥）とビーガンメニューのタイタコス $13.75　2 ハレイワにも店舗あり　3 ビーガンキャロットカップケーキ $3.5 は生地ふんわり。映えるビジュアルのグルテンフリードーナツ $4 も

Beauty Tips

アンチエイジング効果の高いカカオニブを使用したカカオボウル $11.5 は、大人女性のためのアサイーボウル。食感と風味が好みです。

ひと工夫あるフライドチキンをほお張って 気取らずに楽しめるニューアメリカン料理

Beauty Tips

ヘルシーさを考えてビーガンメニューのビーツ＆パンプキン・ルラード・チミチュリ、シソ、キヌア $17 を必ずオーダーしています。

セニア出身の若手シェフがふたりで始めたお店。数人で行くといろいろオーダーできて楽しい。自家製創作バターと楽しめる「ブレッド・ショップ」（→P.57）のフォカッチャもマスト。

アドボ・フライド・チキン・ブレイズド・ペッパーコーン$25とローデッド・ポテト・モチ・ニョッキ$21は定番人気

XO Restaurant

XOレストラン

MAP P.139- カイムキ　3434 Waialae Ave.　732-3838　17:00～22:30　日　○

フォーチャイ（ビーガンフォー）$16。ディナー時は＄20に

Beauty Tips

お肉お魚不使用でこのコク。柑橘系カラマンシーのさっぱり感も◎。満足度が高くヘルシーな食事がうれしいお店です。

わざわざ食べに行く価値のある人気店 味わいあるビーガンフォーは必ずお試しを

ファーマーズマーケットにも出店中ですが、メニューが違うため食べ比べを。おすすめは人気のバインミーがあるランチ。連日満席なので、予約がお約束です。肉食男子も満足できます！

The Pig & The Lady

ザ・ピッグ＆ザ・レディ

MAP P.138- ダウンタウン　83 N. King St.　585-8255　11:00～15:00、17:30～21:30　日・月　○
thepigandthelady.com

コスパ最強の進化形タイ料理は一度食べると忘れられない味

好みの食材や苦手、辛さの加減などを伝えれば、シェフのおまかせで料理が出てくるユニークなお店。しかもどれも本当に絶品♡ 濃いキャラのオパールさんも楽しく、今や大人気店です。

1 エビ入りトムヤムヌードルスープ$15やタイ風大根もちのスペシャルケーキ$11、チキンウイング$12などおすすめ多数 2 アルコールメニューもスタート！

Risa's ♥ Tips

エスニック系が好きな方には一番におすすめしている大好きなお店。場所柄、夜の行き帰りは必ず車で。予約必須です。

Opal Thai オパール・タイ

MAP P.138- ダウンタウン
1030 Smith St.
381-8091 17:00～23:30（日～21:30）
月 ○

ワインもデザートもおすすめのNY仕込みのおしゃれダイニング

豊富なワインメニューやカクテルと一緒に、女性シェフのアジアン要素が加わる料理を楽しむお店。雰囲気も料理もちょっと洗練された感があるので、気分が上がります。ただしディナーの場合は、場所的に車での行き帰りが安心。

1 コリアンオングレット$31はお肉とライス、きゅうりのナムルがこんなにおしゃれ 2 ランチメニューのトウフサラダ$13。看板メニューのリングイネカルボナーラ$21もおすすめ

Risa's ♥ Tips

必ず食べるデザートの自家製ジェラート。プロセッコを使用したり、甘ったるくなかったりと大人向けのジェラートです。

Fête フェテ

MAP P.138- ダウンタウン
2 N Hotel St. 369-1390 11:00～22:00（金～23:00、土 16:00～23:00） 日
○ fetehawaii.com

日本人なら毎日通っても絶対飽きない豊富なメニューと優しい味わい

お子さん連れのファミリーハワイに、まずおすすめしている店。美味しくて本当に3日連続で通ったという強者も。ライスの種類が選べるのもうれしいポイントです。「美味しく食べてほしい」という愛を感じます。

大人も子供も喜ぶメニュー、焼きそば$7。海外で食べると一段と美味しく感じる気がします！

ステーキ店顔負けのリブアイステーキ$15。ソースは3種でスパイシーか野菜ソースをチョイス

Pioneer Saloon OPEN Plate Lunch

Beauty Tips

定番はガーリックサーモン$12。サーモンに含まれるアスタキサンチンが紫外線によるシミやしわの発生を予防！

Pioneer Saloon

パイオニア・サルーン（モンサラット店）

MAP P.139- モンサラット 3046 Monsarrat Ave. 732-4001
11:00～20:00 無休 ○
www.pioneer-saloon.net

うっとりPOINT★ ザ・ビート・ボックス・カフェは、ドリンクもおすすめ。飲むほど体内がすっきりし、きれいになれそうで気分アップ！

Love SWEETS

繊細な氷と優しい味わいに笑顔

本物のフルーツやカカオ、抹茶などで作る自家製のシロップやアイスクリームが、抜群に美味しいシェイブアイス。初めてならハワイらしいパイナップル・ラブ $5 を！ **.02**

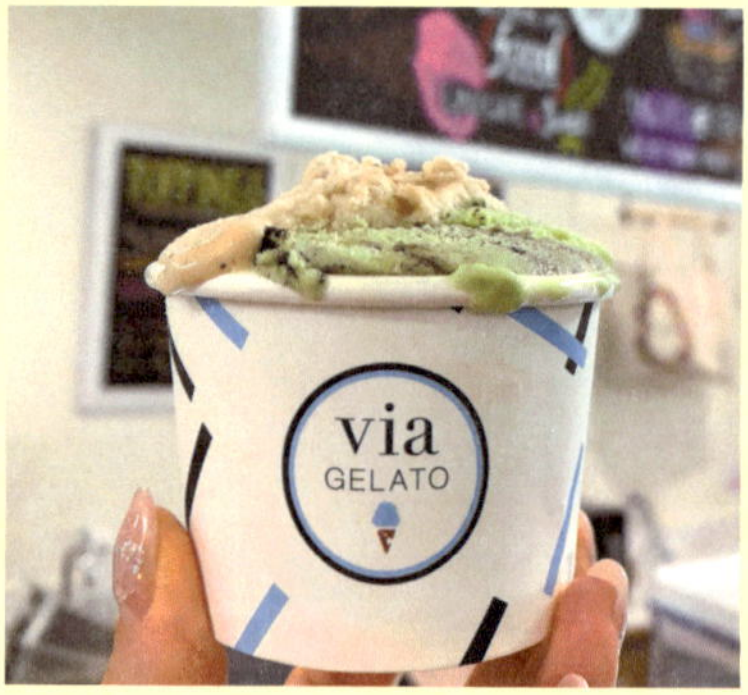

毎日変わるフレーバーが楽しみ

店内で作る自然素材のジェラートは、種類豊富でハワイならではの味も魅力です。おすすめオーダーは、スモールより小さなケイキサイズで、2 フレーバー選べるダブル $4。 **.01**

真面目な絶品アサイーボウル

超ヘルシーで美味しい美容食のマックナッツボウル $13.25。アサイーペーストに混ぜるマカダミアナッツミルクやトッピングのローカカオシロップ、ローグラノーラはすべて自家製！ **.04**

自分好みにかわいくするソフト

手焼きコーンはほんのりピンクのバニラバターをチョイス。ウベフレーバーのソフトにカラフルなシリアル 2 種をトッピングして $6.5。店内の撮影スポットで記念撮影も忘れずに。 **.03**

04

Well + Proper

ウェル + プロパー

MAP P.138- ダウンタウン
918 Smith St. UnitA
319-7544 8:30 ～ 15:00 土～月 ○
営業時間の変動はインスタで @well_n_proper

03

Thrills Soft Serve

スリルズ・ソフト・サーブ

MAP P.137- アラモアナ B2
510 Piikoi St. Suite 104 888-6860
12:00～22:00（金・土～23:00） 無休
○

02

Kaimana Shave Ice

カイマナ・シェイブアイス

MAP P.131- ハレイワ
66519 Kamehameha Hwy., Haleiwa
721-5553
12:00 ～ 16:30
月・木 ○

01

Via Gelato

ヴィア・ジェラート

MAP P.139- カイムキ
1142 12th Ave.
732-2800
11:00 ～ 22:00（金・土～ 23:00）
無休 ○
www.viagelatohawaii.com

最近のスイーツキーワードは、“自家製・自然素材・ヘルシー”。さらにビジュアルスイーツも引き続き人気です。おやつ時間もかわいくハワイらしい味を楽しみませんか。

♥ ○ ▽ ハワイのテッパンスイーツ

昔も今も一番人気はチョコレート・ハウピア・クリーム・パイ $4.27。少し塩気がある生地とぷるぷるのハウピア、ホイップクリームの組み合わせが絶妙。見た目とは裏腹にペロリ。 **.06**

♥ ○ ▽ 上品で繊細なケーキならここ！

日本人女性が作るケーキは、軽やかな生地となめらかなクリーム、ちょうどいい甘さが特徴。お気に入りはクリームパフ $2。イートインができ、カスタムケーキもオーダー可能。 **.05**

♥ ○ ▽ お持ち帰りできるハワイの味

ポイバナナブレッド $8 は、ハワイ産のさわやかなアップルバナナの味が生かされ、何度も食べたくなる味。冷蔵なら 2 週間、常温でも 1 週間もつのでおみやげに持ち帰ることも！ **.08**

♥ ○ ▽ 人気レストランも絶賛の味

「飾り立てず、ただ美味しいと思ってもらいたい」というオーナーの実直さが、そのまま味わいに出るパン。チョコレートクロワッサン $4.5 や季節のフルーツデニッシュ $5 ～を。 **.07**

08

Bodega Hawaii

ボデガ・ハワイ

MAP P.131- ハレイワ
66-452 Kamehameha Hwy., Haleiwa
354-9810　11:00～19:00（土 10:00～、日 10:00～17:00）
無休　○

07

Breadshop

ブレッドショップ

MAP P.139- カイムキ
3408 Waialae Ave.
なし　10:00 ～ 17:00
月・火　○
www.breadsbybreadshop.com

06

Ted's Bakery

テッズ・ベーカリー

MAP P.131- 全図 B1
59-024 Kamehameha Hwy., Haleiwa　638-8207
7:00 ～ 20:00（金～日～ 20:30）
無休　○
www.tedsbakery.com

05

cakeM

ケーキ M

MAP P.137- アラモアナ B1
808 Sheridan St. Suite308　722-5302
10:00 ～ 18:00
日・月　○

RISA'S RECOMMENDATION!

BEST *of the* BEST RESTAURANT

長年通い詰める最愛レストラン

何度も訪れたくなる最愛うっとりスポット

なぜこんなに通い続けているのだろう。考えてみると場所や料理、サービスはもちろん、この空間に喜びを感じ“うっとりするかどうか”が鍵になっている気がします。もうこれは理屈ではない女心。静寂と癒やしにあふれ、気品に満ちたホテル「ハレクラニ」にあるという特別感。変わらない景色やサービスと、時代に応じて変化するメニュー。最愛店であり続けるだけの理由があり、初めて訪れたときから心を奪われています。この場所にふさわしい女性になりたい、今日もそう願いながら自分磨きです。

1 イタリア出身のクリスチャン・テスタ氏が腕を振るう地中海料理
2 2コースランチメニューの、熟成トマトのスープ+蟹入りのシーザーサラダ $32 がマスト。特にスープはリコピン&オリーブオイルで美肌効果が期待でき必食。美味しくて美容にいいスーパーメニュー

Orchids
オーキッズ

MAP P.135- ワイキキ A2　2199 Kalia Rd. ハレクラニ内　923-2311　朝食月～土 7:30 ～ 11:00、ランチ月～土 11:30 ～ 14:00、ディナー 17:30 ～ 21:30、サンデーブランチ日 9:00 ～ 14:30、アフタヌーンティー月～土 15:00 ～ 16:30　無休　○
www.halekulani.jp/restaurant/orchids.php

Seasonal Tips

12月24日と25日に開催されるクリスマスブランチビュッフェは、毎年大人気で即完売！早めの予約が必須。この日だけの特別メニューもあり、豪華で優雅でうっとり指数200%です。

3 店内一角にあるカトレア・ワインバー(11:30 ～ 21:00、日 16:30 ～) 4 ここから眺めるダイヤモンドヘッドとワイキキの景色は“ハワイにいる♡”を実感できて個人的にはベストな角度

フードも格別に美味な 自然体になれるカフェ

カジュアルなカフェでも、心を奪われてうっとりするお気に入りの場所があります。一杯ずつハンドドリップで入れるこだわりのコーヒーと、できる限り地元の素材を使ってヘルシーに作られたフードやペストリーは、ここでしか味わえない美味しさ。ひかれて通い続けている理由は、これだけではありません。緑に囲まれたマノアならではのマイナスイオンを感じる空間にいると「どんなに忙しくても心に余裕をもとう」と、ゆったりとした明るい気持ちになれるのです。せかせかと過ごす毎日からちょっと離れて何気ない日常を楽しむ時間をもたらしてくれる、そんな贅沢なカフェなのです。

オアフ島で取れるフルーツやレフアのハチミツなどを使ったペストリーやキッシュなど。どれもフレッシュで美味しい

カウンターでオーダーを済ませたあとに、座席を確保して

大人気の店内。ブリトーやサンドイッチなど充実のフードメニューは、すべてハズレなし

トゥデイズ・コーヒー $4（ハワイアンコーヒーはプラス $1）。テイクアウトはカップ代 25¢ プラス。カフェ前には駐車場も

Risa's ♥ Tips

金・土 11～15 時限定の 2 種類のハンバーガーにぞっこん。パンも自家製で、シンプルであっさり食べられるから、大人女性にぴったり。週末のランチはこれがお約束です。

Morning Glass Coffee + Cafe

モーニング・グラス・コーヒー + カフェ

MAP P.132- ホノルル C1　2955 East Manoa Rd.　673-0065

7:00 ～ 16:00（土 7:30 ～）　日　○

www.morningglasscoffee.com

うっとり POINT★　行くほどに好きになるお店の代表格がこの 2 店。うっとり指数が高く、滞在中に何度も行き心身の充電をします。

COLUMN

ハワイ旅のこだわり 02

theme: FOOD KEYWORD

美味しく安全に食を楽しむために
私がいつもチェックしていること

大昔の私は、ハワイに来るとうれしさのあまり浮かれてしまい、そんなに得意でもないのにアメリカンなガッツリメニューにトライ。東に人気のフードがあればわざわざ出かけては食べ、西に話題のスイーツがあると聞けば甘さに悶絶しながらも食べていました。

しかし、そのあとに心に押し寄せてくるのは、罪悪感。こうした経験に加え、いつまでも健康でいたいという願望から、「心と体に心地よい食事」をハワイでも実践するように。体内をリセットしたいときはコールドプレスジュースを飲んだり、オーガニックの野菜を中心としたメニューや、ビーガン、グルテンフリーといった、健康意識の高い食事を取り入れます。

スーパーなどで、よくチェックするのは、USDAオーガニック（アメリカ農務省認定のオーガニック）、グルテンフリー（私は免疫力の向上や食欲の抑制といった健康美容効果を考えて、小麦などグルテン不使用のものを選ぶときも）、NON-GMO（遺伝子組み換えなし）、Aspartame-Free（人工甘味料のアスパルテーム不使用）といった文字。

そして今、一番気になるのが、「ギルトフリーなスイーツ」。罪悪感なく心から楽しむことができるスイーツ探しです。ギルトフリーの定義は人それぞれだと思いますが、私の場合は、「体に悪いものを不使用・食べることで体にプラスになる」ということ。だから、スナックなどを買うときは、上記の文字だけでなく袋の裏面もチェック。カロリーも気にはなりますが、内容成分に目を向けます。Total Fat（脂質）、Cholesterol（コレステロール）、Total Carbohydrate（炭水化物）、Dietary Fiber（食物繊維）、Sugars（糖類）、Protein（たんぱく質）の数値を見て、脂質や糖質が低くて食物繊維が豊富なものをチョイス。

さらに「Ingredients」の欄で原材料を確認。含有量が高い順に素材の名前が記載されているので、甘いかどうかなど、味の想像もできます。わからない英語は、その場でスマホで翻訳もできる時代だから、ハワイでも確認することが可能に。しかし、いくら体によくても美味しくなければ意味がない。味的にも満足できるものを本書に散りばめていますので、ぜひチェックしてください。

my favorite...

Shopping

RISA's 偏愛ショッピング

旅先でのショッピングの傾向、
年々変わってきませんか。
私のハワイでのショッピングテーマは、
"メイド・イン・ハワイ"、"日本未上陸&未発売"、
"スーパー巡り"。ここ数年はこの3つのテーマに
沿ったアイテムを探したり、お店へ行きます。
旅に必須のおみやげ選びも、
義務ではなく楽しむことがコツ。
自分が本当に美味しい・かわいいと思うものを、
大好きな方々にも味わっていただきたい！
お顔を思い浮かべながら、
ハワイならではのアイテムを選ぶことは、
私にとってハワイショッピングの楽しみのひとつです。
今まで実際に食べたり、
買って使ってリピートしているものを集めました。
少しでもおすそ分けできたら幸せです。

SOUVENIRS STORY :

ストーリーまで愛せる おみやげ6選

作り手の愛とこだわりを感じるもの、長く使えるもの、そして旅に不可欠なもの。そんなアイテムを集めました。

STORY / about...

Island Slipper

あらゆるシーンに対応する万能サンダルは ハワイの歴史と愛情が込められた1足

1946年ハワイに移住した日本人が設立して以来、ローカルや旅行者に支持されてきた老舗サンダルメーカー。初めて履いたときのなめらかな感触は、いまだに記憶しています。その秘密は上質なスエードなどのレザーを使用し、インソール内部のクッション加工の効果で弾力性のあるやさしい履き心地を実現しているから。デザインから製作まですべてメイド・イン・ハワイ。一つひとつ職人さんが「歩きやすいように」と愛情込めて作る姿が目に浮かびます。

Risa's ♥ Tips

旅の準備中、靴はどれを持って行こうと悩みませんか？ 昼はビーチに街歩き、夜はドレスアップしてディナーへ……なんて、いろいろと欲張りたいハワイ旅。くるくる変わる旅先のシーンに、ぜーんぶ応えてくれる1足があれば！ そんな私の長年の思いをかなえてくれるRisa監修の「アイランド・スリッパー×ターコイズ限定モデル」$114.95ができました。

ヒールの高さは5cm！

カラーは肌なじみのいいヌード寄りのベージュ。前にもヒールがあるので傾斜が少なく、歩きやすい作りを徹底的に研究してくださいました。サンダルは2020年2月発売予定

Island Slipper × Turquoise Hawaii

アイランド・スリッパー×ターコイズ・ハワイ

RisaモデルはP.81に掲載のターコイズで取り扱いがある

決して広くはない店内には、たくさんの水着がずらりと並んで迷うことも。まずは好きな色や柄で選び、そこから体形に合った形のものを選ぶ。これがコツ！

STORY／about...

Pualani Hawaii Beachwear

着れば納得！ サーファーからも愛される大人の女性向け体に優しいビーチウエア

海でもプールでも泳がない私ですが、リゾート気分を高めてくれる水着はやっぱり欲しいもの。買うのは決まってココ。サーファーからの熱い支持を集めているのは、どんなに動いてもズレない水着だから。そして泳げない私が支持する理由は、体形をカバーしてくれて着心地がいいから。オーナーのかずささんの手にかかれば、必ず体形に合った1着が見つかるから不思議。とことん相談して、恥ずかしくても試着をして〝私だけの1着〟を探してください。

上／履き着心地の抜群のレギンス $116 は、運動時やヨガなどのウエアに。お値段に納得の耐久性が◎。　左／黒のワンピースタイプの水着 $146、レオパード柄のミニスカート $92

Pualani Hawaii Beachwear

プアラニ・ハワイ・ビーチウェア

MAP P.139- モンサラット

3118 Monsarrat Ave.　200-5282

9:30 ～ 18:00　無休

○　pualanibeachwear.com

Risa's ♥ Tips

ブラとショーツは別々に購入できるので、私だけの組み合わせを楽しんでいます。上下サイズ違いに選んでも大丈夫♡ 水着は購入前に必ず試着してくださいね。写真は各 $82。

STORY / about...

Puna Noni Naturals

純粋なハワイ産のノニで作る
家族思いの真面目なプロダクト

奇跡のフルーツと呼ばれる「ノニ」をご存じですか？栄養素が豊富で疲労回復、内臓の回復や改善、さらには髪や肌を整える効果もあるといわれています。このノニを主原料に作ったボディウオッシュやローションを長く愛用しています。さらりとした使い心地といい香りでしっとりとしたお肌に。オーナーのナクラさんは、家族の病気治療中にノニの威力を実感し、プナノニを立ち上げたそう。現在も品質にこだわり、ファミリーでお店を経営しています。

バスソルトかソープ作りができるワークショップを開催。3日前までにメール(subi@nonialoha.com）で予約をすると場所など詳細が届きます（所要時間30～45分／参加費$20※5歳以下は無料)。参加者は工場併設のショップで、プナノニのプロダクトを25%オフで購入可能

Risa's ♥ Tips

ミニサイズはおみやげに。最近では中蓋が付き、持ち帰りも安心。またナクラさんに聞いたノニジュースにアイスティー、パイナップルジュースをブレンド♡ これが美味でハマり中です。

Puna Noni Naturals
プナノニ・ナチュラルズ

非公開　非公開
10:00～15:00　土・日
○（要手数料5%）　punanoni.com

ポーチ＄28の外側はシンプルに仕上げ、内側の布にハワイを感じる柄を使用。文字入りなどカスタムオーダーも可能。人気は名前の文字入れ

STORY / about...

chitchat Hawaii

ハワイの自然への感謝と愛を感じる いつも一緒にいたい素朴でかわいいポーチ

オーナーのチトさんが作るバッグやポーチは、どこかぬくもりを感じるものばかり。ビンテージの布を中心に、ハワイや世界中から集めた生地で手作りしているため、少しずつ表情が違う作品に。手にすると〝私だけのもの〟という特別感が生まれ、愛着もひとしお♡ ハワイの自然を見て感じた思いを込めて製作しているポーチはalohaという文字に海のブルー、夕日のピンクといった色合いで展開。自分へ、そして大切な人へのおみやげにぴったりです。

オーダーメイドのカスタムポーチ $100、バッグ $180 は仕上がりに数日かかるため、メールで早めに申し込むほうが安心。取扱店舗にて受け取りが可能です。
※掲載価格はミューズ・バイ・リモのもの

chitchat Hawaii
チットチャットハワイ

P.83 に掲載のミューズ・バイ・リモ、P.33 に掲載のアイランド・ヴィンテージなどで取り扱いがある
www.chitchathawaii.com

Risa's ♥ Tips

パッキングをするとき、シワ防止のためワンピースをほかのアイテムと分けて収納する私。ふわっとたたんで収納できる旅行用ポーチが欲しくてオーダーしたところ、商品化されることになりました！

取扱店のディーン＆デルーカでは、ローカルの食材を生かしたレアなハワイメイドの商品を社長自らが見つけてきて販売している

美容効果抜群のグラノーラを作るオーナーのマーシャさん。季節限定フレーバーや新作も続々誕生！ ウエディングフェイバーなどオーダー注文も可能

STORY / about...

Lanione Granola

ハワイで一番美味しいと感じている抗酸化作用の高い栄養たっぷりグラノーラ

オーナーはカウアイ島生まれの日本人女性で2児のママ。妊娠中に健康管理の大切さを痛感し、安心して食べられるグラノーラ作りを始めたのがきっかけで誕生したものです。このグラノーラが大好きで、好きが高じて監修したのがハワイアン・ビューティー・グラノーラ（大）$16、（小）$9。普段から口にするものは〝体によくて美味しい〟を意識しているため、それが形になったうえ、ハワイ産＆ほぼオーガニックで作られていることに感激。食べたら笑顔になるひと品です。

Lanione Granola
ラニオネ・グラノーラ

P.61に掲載のディーン＆デルーカのほか、P.81に掲載のターコイズ、P.37に掲載のウィー・ハート・ケーキカンパニーなどで取り扱いがある
lanione.shopinfo.jp

Risa's ♥ Tips

コラボしたグラノーラは、クランベリーやカシューナッツ、カカオニブなど女性にうれしい素材がたっぷり。ヨーグルトに入れて食べたり、そのまま食べても◎。

オイルはロゼラニ、ラベンダー、レモングラス、ピカケ、プルメリアの5種類。女性らしく華やかなロゼラニとハワイらしいピカケを愛用

STORY / *about...*

auau Hawaii

ハワイ島ヒロで生まれた自然由来コスメはお気に入りの香りをポーチに忍ばせて

ハワイ産のマカダミアナッツオイルをベースに、化学的なものを一切使わず作られている体に優しいプロダクト。マルチオイルは、スポイトタイプとロールオンの2タイプ。ボディ、フェイス、ヘアにと1本で全身に使えるオイルは、乾燥しがちな機内の必需品。携帯に便利なロールオンタイプはポーチの中に入れておけば、指先や髪の毛先などのケアにも使い勝手ばっちり。さらに手軽に使えるスティックタイプの日焼け止めもあり、滞在中は必ず持ち歩いています。

右／スポイトタイプのオイル$18。おみやげならピカケやプルメリアなど、ハワイらしい香りが◎。オイルは浴槽にたらしてバスオイルにも。左／マルチオイル（ロールオン）$11、サンスクリーン・スティック$15

auau Hawaii

アウアウ・ハワイ

P.83に掲載のミューズ・バイ・リモで取り扱いがある

www.auauhawaii.com

Risa's ♥ Tips

うっかり焼けがちな手の甲。日焼け止めが落ちやすい部分だから、スティックタイプだとこまめに塗り直せて重宝しています。手元から上品にふわっと香るのもgood.

※商品は2019年12月時点の入荷分がなくなり次第、販売終了となります。予めご了承ください

MUST BUY!

Souvenir

大切な方の喜ぶ顔が目に浮かぶ♡
そう思えるアイテムだけを揃えました。

MUST BUY! : 01 COOKIE

ハルミズ ハワイアン
ソルトクッキー $19.95

料理研究家・栗原はるみさんとのコラボ。サクほろ食感と甘さ＆塩加減のバランスが絶妙。ひとり限定2箱の人気商品 Ⓑ

トロピカル フルーツバー
（レモン8枚入り）$9.25

フルーティなしっとりタイプのクッキー。フレーバーは3種類あり、さっぱりしたレモンがお気に入り Ⓒ

ジャスミンサブレ＆
グァバストロベリー
サブレ 各$20

ハワイらしいフルーティなフレーバーと香り高いティーフレーバーは喜ばれること間違いなし。食感も軽やか。Ⓐ

マカダミアナッツ ショートブレッド
キャラメルディップド コンボ
（ミルク＆ダーク）$19

クッキーにキャラメルをかけてさらにその上からチョコレートをディップ。くにゅっとしたキャラメルの食感がクセになる Ⓑ

ミニバイツ
スナックパック $5.95

チョコチップとマカダミアナッツのクッキーはパイナップル形がかわいい。サックサクの生地で、ひと口のサイズ感も◎ Ⓓ

MUST BUY! : 02 Pancake mix

ピンク色のパンケーキが作れてしまう女ゴコロをくすぐるセット。ココナッツシロップのパウダーはお湯で溶かして使って Ⓕ

ピンクパレス・パンケーキ
ミックス16オンス $20＆
ココナッツシロップ $6

バターミルク
パンケーキミックス $16

水を加えるだけでふわモチなハレクラニのパンケーキが簡単に再現できる。自分用も必ず買ってしまう一品 Ⓖ

ザ カハラ シンパンケーキ
ミックス $15

薄焼き生地をクルクル巻いたホテルの名物パンケーキを自宅で。無塩バターとメープルシロップを合わせてかけると本格的 Ⓔ

Ⓐ **Halekulani Bakery & Restaurant**
ハレクラニ ベーカリー＆レストラン
MAP P.135 - ワイキキ B2
2233 Helumoa Rd.
ハレプナ ワイキキ バイ ハレクラニ内 ☎921-7272
6:30～18:30
無休 ○
www.halepuna.com/jp/

Ⓑ **Big Island Candies**
ビッグ アイランド キャンディーズ
MAP P.137 - アラモアナ B2
アラモアナセンター内 ストリートレベル1階
☎946-9213
9:30～21:00
（日 10:00～19:00）
無休 ○
www.bigislandcandies.com

Ⓒ **The Cookie Corner**
ザ・クッキーコーナー
（シェラトン・ワイキキ店）
MAP P.135 - ワイキキ B2
2255 Kalakaua Ave, Shop 10 シェラトン・ワイキキ・ホテル内
☎926-8100
8:00～22:30
無休 ○
cookiecorner.com

Ⓓ **Honolulu Cookie Company**
ホノルル・クッキー・カンパニー
（ワイキキ・ビーチ・ウォーク店）
MAP P.135 - ワイキキ A2
227 Lewers St.
☎924-6651
9:00～23:00
無休 ○
honolulucookie.co.jp

Ⓔ **Signature at the Kahala**
シグネチャー・アット・ザ・カハラ
MAP P.135 - ホノルル D1
5000 Kahala Ave.
ザ・カハラ・ホテル＆リゾート内 ☎739-8862
9:00～18:00
無休 ○
jp.kahalaresort.com

MUST BUY! : 03

CHOCOLATE

マノア チョコレート
「カカオニブ」$18.99

カカオ豆をローストし砕いた抗酸化作用抜群のスーパーフード。ヨーグルトやシリアル、アイスクリームに加えて楽しんで Ⓘ

マカダミアナッツ チョコレート
（コーヒー・ブロンド）ハーフポンド 各 $30

新鮮なマカダミアナッツを絶品チョコレートでカバー。ブロンドはキャラメルをブレンドしたホワイトチョコで甘さ加減も Best Ⓔ

リリコイ マカダミアナッツ パールチョコ ＆
マカダミアナッツ パールチョコ 各 $22.5

名店「ラ・メール」で提供されていたパチパチ弾けるチョコがギフトに。新たに登場のリリコイフレーバーはハワイらしい Ⓐ

ハワイアン ホースト
「マウイ キャラマックス」（2個入り）$1.09

バラマキみやげのテッパン。砕いたマカダミアナッツが入ったキャラメルをチョコレートでカバー。手軽に買えハワイらしさも満点 Ⓙ

MUST BUY! : 04

Spread

ホールサム
「オーガニック パンケーキ シロップ」
$7.49

保存料不使用、グルテンフリー、遺伝子組み換えなし！の安心のオーガニックシロップ。パンケーキにたっぷりかけてほおばりたい Ⓘ

ザ・メープルギルド
「オーガニック・メープルクリーム」$19.19

100% 純正のメープルシロップをクリーム状になるまで煮詰めて作られているスプレッドは、とてもなめらか。使い方もいろいろ♡ Ⓡ

リリコイジェリー $6

リリコイを使ったジェリーはクリームチーズに混ぜたり、ヨーグルトのトッピングにしても。さわやかな甘みと酸味のバランスが good Ⓛ

オヒアレフア はちみつ　$8

ハワイ島の島花にもなっているオヒアレフアの花から採れたハチミツは華やかな香りが特徴。ディーン＆デルーカのオリジナル商品 Ⓗ

スマッカーズ
「マジック シェル チョコレート
ファッジ」 $4.49

アイスクリームにかけると、たちまちパリパリ食感になる不思議なチョコレート。キッズはもちろん大人もワクワクする楽しさ！ Ⓚ

Ⓕ **Royal Hawaiian Bakery**

ロイヤル ハワイアン ベーカリー

MAP P.135 - ワイキキ B2
2259 Kalakaua Ave.
923-7311　7:00 ～ 16:00
無休　○
royal-hawaiian.jp/bakery.htm

Ⓖ **Halekulani Boutique**

ハレクラニ・ブティック

MAP P.135 - ワイキキ A2
2199 Kalia Rd.
ハレクラニホテル内
923-2311
8:00 ～ 21:00
無休　○
www.halekulani.jp

Ⓗ **DEAN & DELUCA**

ディーン＆デルーカ・ハワイ（ザ・リッツ・カールトン・レジデンス・ワイキキビーチ店）

MAP P.135 - ワイキキ A1
383 Kalaimoku St. 1 階
729-9720
7:00 ～ 22:00
無休　○
www.deandeluca-hawaii.com

Ⓘ **Whole Foods Market**

ホールフーズ・マーケット

→ P.073

Ⓙ **Longs Drugs**

ロングス・ドラッグス

→ P.078

Ⓚ **Safeway**　セーフウェイ

→ P.079

Ⓛ **Kahuku Farms**

カフク・ファーム

→ P.101

Ⓜ **Jules + Gem Hawaii**

ジュールズ・アンド・ジェム・ハワイ

MAP P.139- カイムキ
1114 11th Ave. 591-6219 10:00 ～ 18:00
日 ○ jules-gem-hawaii.myshopify.com

Ⓝ **South Shore Paperie**

サウスショア・ペーパリー

MAP P.132- ホノルル C1
1016 Kapahulu Ave. #160 744-8746
9:00 ～ 16:00 日
○ southshorepaperie.com

Ⓞ **Patagonia Haleiwa**

パタゴニア（ハレイワ店）

MAP P.131- ハレイワ
66 – 250 Kamehameha Hwy., Haleiwa
637-1245
10:00 ～ 18:00
無休 ○
www.patagonia.com

Ⓟ **Soha Living**

ソーハ・リビング
（ワイキキ・ビーチ・ウォーク店）

MAP P.135- ワイキキ A2
226 Lewers St.
931-3591
10:00 ～ 22:00
無休 ○
sohaliving.com

Ⓠ **The Public Pet**

ザ・パブリック・ペット

MAP P.139- カイムキ
3422 Waialae Ave.
737-8887
10:00 ～ 18:00（日・月～16:00） 無休 ○
thepubliccpet.com

Ⓡ **Down to Earth**

ダウン・トゥ・アース

→ P.075

Ⓤ **turquoise Hawaii**

ターコイズ・ハワイ

→ P.081

Ⓣ **Target** ターゲット

→ P.077

Ⓤ **Bodega Hawaii**

ボデガ・ハワイ

→ P.057

MUST BUY! : 05

COFFEE & TEA

**トロピカル
ディライト ティー $19**

ハレクラニと地元ティーメーカーがコラボ。ブラックティーにトロピカルフルーツをブレンドしたフルーティな味わい Ⓖ

**Kona Bloom
（100％コナコーヒー） $35**

多数の受賞歴も持つ、ハワイ島プナにコーヒー農園を持つ会社のもの。100％コナコーヒーはハワイで買うのが一番お得 Ⓗ

**ハレクラニ ヘブンリー
ファインコーヒー
（デカフェ） $16**

フレーバー付きのカフェインレスコーヒーなので、夜でも飲みやすい。ダイエット中なら、甘い香りでスイーツ気分!? Ⓖ

**リリコイ・バルサミコ
ドレッシング $6**

カフク・ファームで採れたリリコイのさわやかな甘みと、バルサミコの酸味のバランスが絶妙なドレッシング Ⓛ

**ピュールミント（20 粒入り）
各 $2.79**

キシリトール 100％で人工甘味料のアスパルテームも不使用の安心安全なミント。タンジェリンオレンジがさわやか Ⓡ

**スペクトラム
「ライトキャノーララマヨ」$7.49**

キャノーラ油でできたビーガンマヨネーズ。グルテンフリーで卵、大豆不使用。これがあればサンドイッチやコールスローもヘルシーに完成 Ⓡ

**バレンチーナ
「メキシカン ホットソース」
$1.79**

メキシコ料理好きにおすすめしたい本場メキシコの定番メーカー。辛さのなかにもうま味があり、かけると美味しさ倍増 Ⓚ

**ホールフーズ 365
「ケープコッド」$9.99**

カシューナッツにクランベリー、アーモンド。女性にうれしい素材が詰まったトレイルミックス。この組み合わせが一番食べやすい Ⓘ

MUST BUY! : 06

OTHER FOOD *item*

**ミッシージェイズ・
キャロブチップ $11.99**

チョコに味も見た目もそっくりだけど、実はスーパーフード「キャロブ」。お菓子づくりが好きな方へ Ⓡ

キッズへのおみやげはこれ♡

**グッデー チョコレート
「マルチビタミン for キッズ」$3.99**

お味も見た目もチョコレート！な驚きのマルチビタミン剤。美味しく楽しく栄養補給ができるので大人のおやつにも Ⓘ

**カイウラニスパイス
「エキゾチック カレー」$9.99**

ハワイ生まれの老舗メーカーのスパイス。ひと振りでカレーがぐっと本格的な味に。スーパーで気軽に買えるのもうれしい Ⓘ

MUST BUY! : 07

General Item

トラベル ティン ソイ キャンドル 各 $16

大豆でできたキャンドルはゆっくりと燃え、香りもやわらか。裏ワザですが、練り香水としても使えます。缶なので持ち運びしやすく旅先にも◎ M

ハワイ ルームスプレー（ホワイトガーデニア）$24

ロコの女性が本物のお花から作ったルームスプレーは、ガーデニアの香りが上品でおすすめ。シュッとするだけでハワイ気分に M

スウェル タンブラー
ボトル小 260ml ／ $29
ボトル中 450ml ／ $23

世界中で人気の保温・保冷もバッチリなスウェルは、ハワイらしいモチーフをチョイス。これで帰国後もリゾート気分 S

アロハ・スタンピー×ザ・パブリック・ペット コラボ・プープ・ポーチ $34

ハワイのアーティストデザインのペット用プープ（排泄物用）ポーチ。別売りのビニール袋が３つ入り便利。お散歩の必需品 Q

ミニノート $4（3つで $10）

ハワイメイドのミニノートはすべての柄がオリジナル。センスを感じるハワイらしいデザインにテンションアップ！ 薄くて小さくて軽いので、持ち帰りやすくおみやげにも◎ N

パタゴニア ミニトート $19

世界的人気ブランドのハワイ限定 Pataloha シリーズのトートバッグ。ハワイを感じるデザインはおみやげにもぴったり O

ウェリー 絆創膏セット＆救急セット $8.49

ポップな缶がアメリカン！ 中身はしっかり機能的な絆創膏のセット。缶の種類も豊富で、つい缶が欲しくて買ってしまう A

ワンシャビーシッククラッチ・ウィズ シルバーウェア 各 $24.95

ローカルデザイナーが手がける華やかでかわいらしいポーチが目を引く、スプーンやストローなどのシルバーセット。おしゃれに環境に優しくが実現 U

エプロンセット $96

オリジナルのエプロンセットはハワイ限定デザインなので、料理好きの友人へのおみやげに。シンプルなデザインだから男女問わず幅広く使える点もうれしい H

オリジナル ステッカー デザインにより $9 ～ $12

ハワイ生まれの人気雑貨店のオリジナルステッカーは、ハワイ好きにツボなアイランドモチーフのデザインや色合い。身近なアイテムに貼って、いつでもハワイ気分に P

イエティ タンブラー $29.99

キャンパー御用達ブランドのタンブラーは、真空二重構造で保温＆保冷力は本格的。さわやかなミントカラーで、サイズは 12 オンスが持ち運びしやすい I

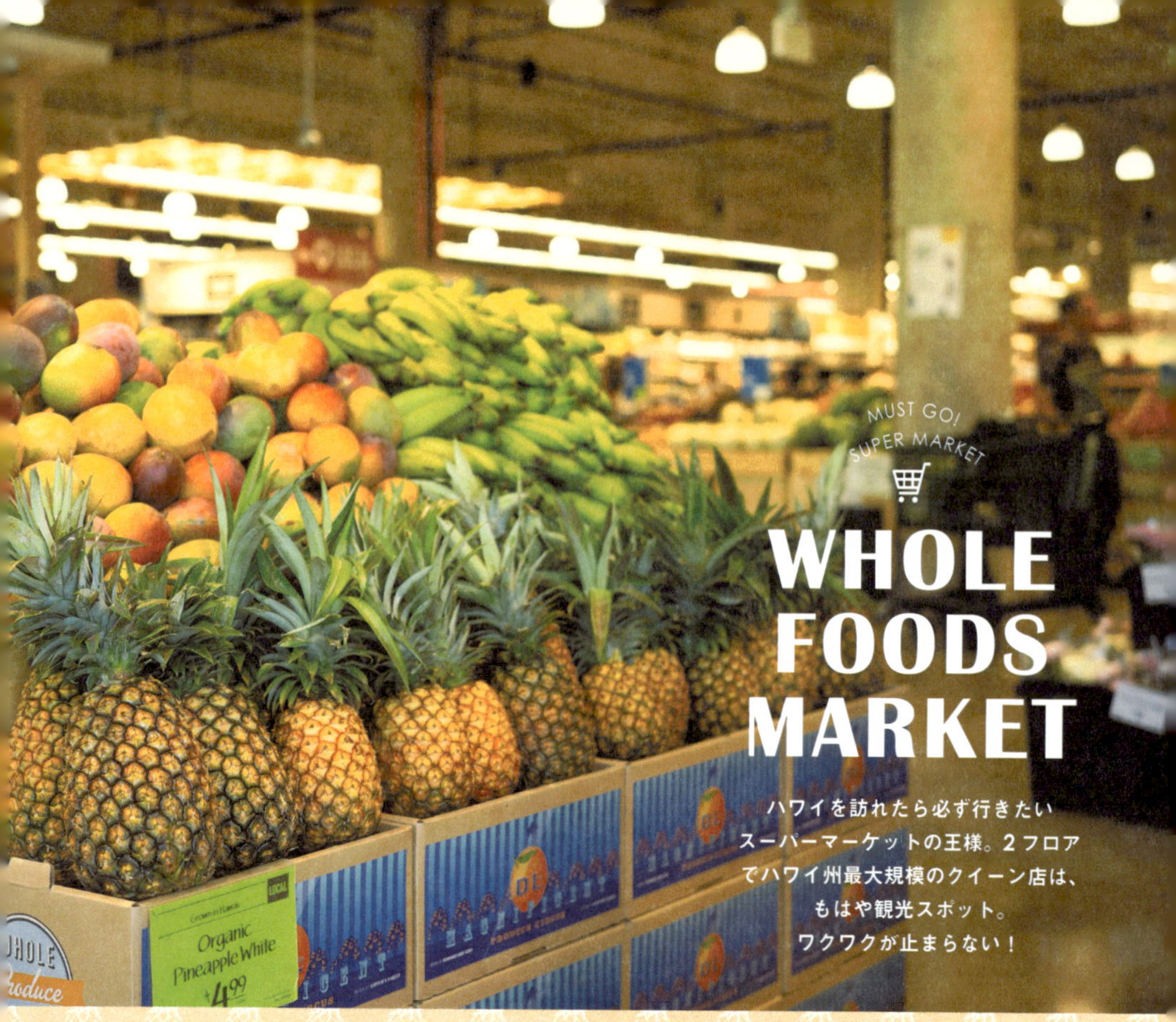

MUST GO! SUPER MARKET

WHOLE FOODS MARKET

ハワイを訪れたら必ず行きたいスーパーマーケットの王様。２フロアでハワイ州最大規模のクイーン店は、もはや観光スポット。ワクワクが止まらない！

MY ROUTE

☑ 旬を迎えた季節のフルーツをチェック！

特に夏は要チェック。ライチやマンゴーが出始め、スイカもこの時期が一番甘い。大好きなワシントン産レーニアチェリーは見つけたら必ずゲット。大粒で甘くてジューシー。

☑ お部屋用にカットフルーツを

種類も豊富であれこれ食べたくなる。酵素たっぷりのパイナップルや日焼けケアにもなるベリー類は必ず購入します。ザクロなど珍しいものもあるので、見つけたら試してみて。

☑ フレッシュハーブコーナーでミントをGET!

胃腸をすっきりさせる効果のミントは、何かと重い食事が多いハワイで必須。ハワイアンウオーターに入れたり、お湯を沸かしてミントティーにして楽しみます。

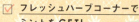

MUSTのDeliはこちら！

① オーガニックケールサラダ

ケールと赤キャベツ、にんじんを使いすべてオーガニック。ハワイのケールは苦味やクセもなく食べやすいのでマスト。野菜不足解消にもってこい。

② 芽キャベツのロースト

ビタミンCや食物繊維などの栄養価がキャベツより高い優秀野菜。レモンやガーリック、オリーブオイルでシンプルに調理されているのも◎。

③ ビーツポケ

栄養価の高さから、スーパーフードと呼ばれる野菜ビーツ。そのビーツをポケにしているハワイらしいデリ。お醤油やごま油で調理され、少し辛味も。

※デリコーナーは1パウンド（454g）$9.99

クイーン店では2階のレストランとエコバック売り場もCheck!

ロゴ入りのオリジナルアイテムが揃うショップは要チェック。おみやげに人気のエコバッグはクイーン店限定柄も！ 買ったものを食べられるスペースもあり、お手洗いも使いやすい。

Whole Foods Market Queen

ホールフーズ・マーケット（クイーン店）

MAP P.137- アラモアナ A2
388 Kamakee St.
7379-1800　7:00～22:00
無休　○
www.wholefoodsmarket.com

MUST BUY ITEMS

各$3.49

プライベートブランドのバスボム

1回使い切りの丸い形をした入浴剤。滞在時に使ったり、おみやげにしても。種類はいろいろありますが、なかでも「エプソムソルト ボム（マッスルソーク）」は運動後におすすめ。

$7.99

365のエプソムソルト

エプソムソルトは塩ではなく、ミネラルの王様「硫酸マグネシウム」。発汗作用が強いので、疲れが取れ体も軽くなる感じ。ラベンダーやローズなどエッセンシャルオイルをブレンドしたタイプもあり。

$12.99

365のドライマンゴー

（小分けタイプ8パック入り）

気軽にビタミンCを補給できるドライフルーツ。加糖して作るものが多いなか、これは無加糖！ しかもPBでお得なのでヘルシー派のロコ御用達。小分けタイプは特に人気なので見つけたら即買い。

$8.99

Fixのシラチャソース

エスニック料理店でよく見るシラチャソースのナチュラル版。原料はシンプルにオーガニックチリ、ガーリック、シーソルト、米酢、ケーンシュガーのみ。人工的なものは一切使っていないから安心。

365のドレッシング

各$4.99

アメリカはドレッシングの種類が多く、なかでも人気はクリーミータイプ。365の「スパイシーランチ」はレッドハバネロを使用したクリーミーなドレッシング。「ライトランチ」は、脂肪分55%オフがうれしい。

☑ サプリやスーパーフード、コスメコーナーで〆！

狙うはプライベートブランド商品。コスパはもちろん、品質もいいのがうれしい。ハンドクリームやサニタイザー、リップはおみやげに。ナチュラルなブランドのボディケア商品も豊富！

☑ 乳製品コーナーでヨーグルトやバターをチェック

植物性のヨーグルトを試したり、オーガニックのケフィアヨーグルトドリンクを買ったりします。一番のリピートはビーガンバター。これを使いたくてパンを買うほど大好き！

☑ おみやげにもなるハチミツコーナーへGO！

ハワイ産のハチミツはおみやげに最適。お花の香りが華やかなオヒアレフアのハチミツと、白くてこっくりしたキアヴェハニーをリピート中。

MUST GO! SUPER MARKET

DOWN TO EARTH

マウイ島生まれのナチュラルフードストア。カイルア店は2019年8月に移転オープンし、以前の2倍の面積に！ 広い店内でチェックすべきコーナーをご案内します。

MY ROUTE

ハワイブランドの雑貨をチェック

入ってすぐの場所に、オリジナルバッグやタンブラー、カップ、そしてハワイブランドのポーチなどが並ぶコーナーが。おみやげ選びにも、もってこいです。

ナッツ＆ドライフルーツコーナーを物色

オーガニックのトレイルミックスは組み合わせも◎。メープル味やわさび味などフレーバーが豊富なナッツやアップルバナナのドライフルーツも買い。

圧巻のハチミツやお茶コーナーもマスト！

個包装のマヌカハニーやメープルクリームなど、他店で品薄のものを発見。ハーブティーの種類も多く圧巻の品揃え。

レアなブランドを集めたコーナーは見逃せない

ここでしか取り扱いのない商品を集めた限定コーナー。注目は体に悪いものを一切使わずお菓子を作るメーカー「Missy J's」！

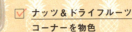

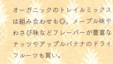

Risa的Deliのルール！

1 オーガニックのサラダバー

グリーンリーフやスプラウト、ビーツ、マッシュルーム、ミニトマト、きゅうり、アーティチョークなどが並ぶコーナー。好きな野菜で自分好みに。

2 ライスは玄米で

白米よりもビタミンB群やビタミンE、食物繊維を多く含む玄米。ヘルシーなデリのおともなら玄米をチョイス。さらにキヌアをトッピングします。

3 ホットミールならこれ

そのときどきで調理法は違いますが、厚揚げ豆腐を使ったデリは必ず。コーン入りで豆がメインのヘルシーなチリを玄米にかけて食べるのも好き。

新カイルア店はイートインスペースも広々！

Check!

現在オアフ島に5店舗、マウイ島に1店舗あるなかで最大規模のデリセクション。カイルア散策の途中、こちらでヘルシーランチをするのもあり。

Down to Earth Organic & Natural

ダウン・トゥ・アース・オーガニック＆ナチュラル（カイルア店）

MAP P.130- カイルア　573
Kailua Rd., Kailua　262-3838
6:30～22:00（デリ～21:00）
無休　○
www.downtoearth.org

Maple Hill のケフィアドリンク

$ 7.99

オーガニックのケフィアヨーグルトドリンク。酸味が強く飲みにくいケフィアですが、これは比較的飲みやすい。おすすめはストロベリー味。ハワイで腸活！

Tierra Farm Inc. のオーガニック テラ ロー ミックス

$ 10.59

蒸気や熱処理されているけれど、味・食感・栄養分などに生（Raw）の特性をもつナッツを使用するメーカーのもの。だから安心して滞在中のおやつに。

MUST BUY ITEMS

各 $ 1.49/1b

ハワイ産のアップルバナナとパパイヤ

ハワイのフルーツを買って、お部屋での朝食に。酵素たっぷりのパパイヤは、日本で買うより断然安くて甘い。さっぱりしたアップルバナナも大好き♡
※価格は時期によって変動あり

$ 3.99

Ko Farms のミント

ダウン・トゥ・アースに30年以上ハーブや野菜を出荷する農園のミント。安心安全でフレッシュなハーブは、オアフ島パロロ渓谷で育てられています。

モリンガのお茶

各 $ 5.99

亜熱帯や熱帯地域に自生する木、モリンガ。ビタミン・ミネラル・食物繊維・ポリフェノールなど、栄養価の高さが魅力。フレーバー付きのお茶をおみやげに。

日本では手に入らない生活雑貨をお買い上げ

ビタミン濃度の高いオイルやオーガニックのヘアケアは必ずチェック。プナノニなどのローカルブランドは価格を抑えて販売しているので、こちらで購入。

美容に効くアイテムは、スーパーフードコーナーで

ピタヤやビーツ、紫芋、抹茶など栄養価が高くヘルシーなものがずらり。パウダータイプやお茶、スナックになったものまで種類豊富。

LOVE なガムをまとめ買い！

The Pur Company の100％キシリトールガムとミントは自分用＆おみやげ用に購入。人工甘味料のアスパルテーム不使用で、味も◎。

MUST GO! SUPER MARKET

TARGET

2フロアで展開する、おしゃれ大型ディスカウントスーパー・ターゲットのアラモアナ店。生活雑貨などを中心に、私が必ずチェックするものをご紹介します。

3F

ホワイトニングアイテムを求めてデンタルケアコーナーへ！

アメリカのデンタルケアは即効性がうれしい。おみやげにも◎。歯科医推薦のセンソダインや日本で人気のクレストをチェック。マウスウオッシュもあります。

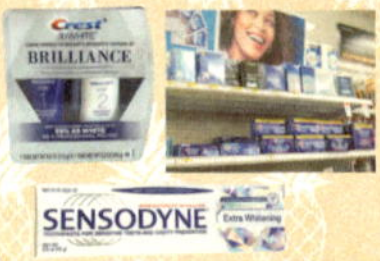

サプリメント＆お薬コーナーをチェック

ウェリーの缶入り絆創膏セットはおみやげにちょうどいい。手軽に食物繊維がとれる、Benefiberはフレーバーなどが豊富でどれにしようか吟味。鼻うがいのキットもチェック。

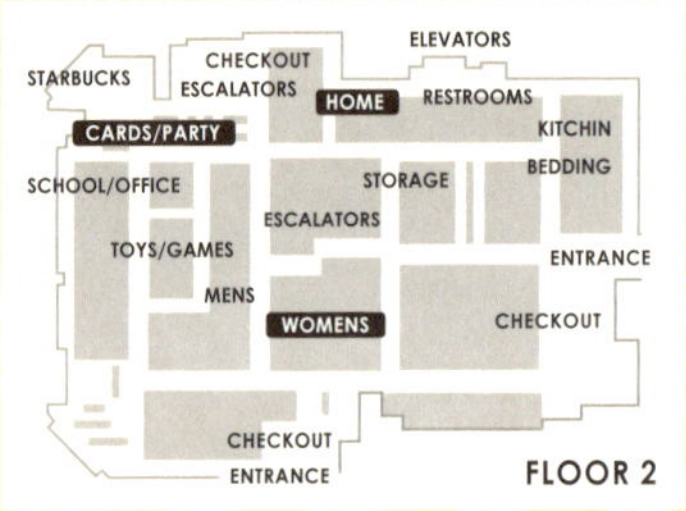

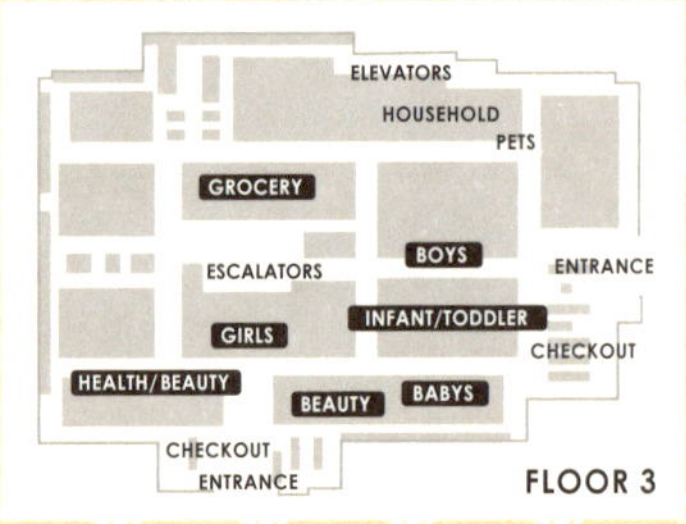

MY ROUTE

MUST BUY
ITEMS

$ 8.99

トレイルミックス

（カシュー、クランベリー、アーモンド）

食べやすい組み合わせで、塩を使っていない点もうれしい商品。カシューナッツにクランベリー、ローアーモンドが入った小分けタイプ。

シンプリーバランスド ナッツクラスターズ バニラ

$ 3.44

カシューナッツにアーモンド、パンプキンシードの歯応えがあるヘルシースナック。食べた感があるので満足度高し。

Dr. ティールズ ボトルタイプ

$ 5.99

ソルトとありますが塩ではなく硫酸マグネシウム。欧米では定番の入浴剤です。汗をかくし、何よりマグネシウムの経皮吸収に効果あり。関節炎や骨にもいいです。

$ 3.44

シンプリーバランスド フルーツストリップ ざくろ

ナチュラルな素材でできた、グミのようなゼリーのような食感のフルーツストリップは、女性にいいとされるざくろをチョイス。

$ 9.99

キッズ用パンツ

派手かわいいパンツは、おみやげに渡すと、「また買ってきて！」とリクエスト多し。キッズ用はキャラものがテッパンです。

ターゲット限定の コラボ商品をチェック！

check!

クリッシー・テイゲンとのコラボキッチン用品や、ライフスタイルブランド、マグノリアとコラボした限定ブランド、ハース＆ハンドが人気。

カードやパーティグッズは 季節のアイテムが豊富

check!

クリスマスやバレンタイン、ハロウィーンなど季節に合わせたカードやパーティグッズはさすがアメリカ！という品揃え。

Target

ターゲット
（アラモアナ店）

MAP P.137- アラモアナ B2
1450 Ala Moana Blvd.#2401
206-7162　8:00～23:00
無休　○
www.target.com

スナックコーナーで ヘルシー目線なアイテムを

化学系調味料不使用のナチュラルなシリーズ、PB シンプリーバランスドが狙い目。ほかにもヘルシースナックをチェック。

かわいいおみやげ探し にキッズコーナーへ

ポップでキュートな子供服をおみやげに。セール時は半額など、驚くほどお買い得になります。

2F

レディスのスポーツ ウエアをチェック

有名ブランドとのコラボ商品を販売するのも人気の理由。C9 チャンピオンはシンプルで着心地抜群。部屋着にもぴったり。

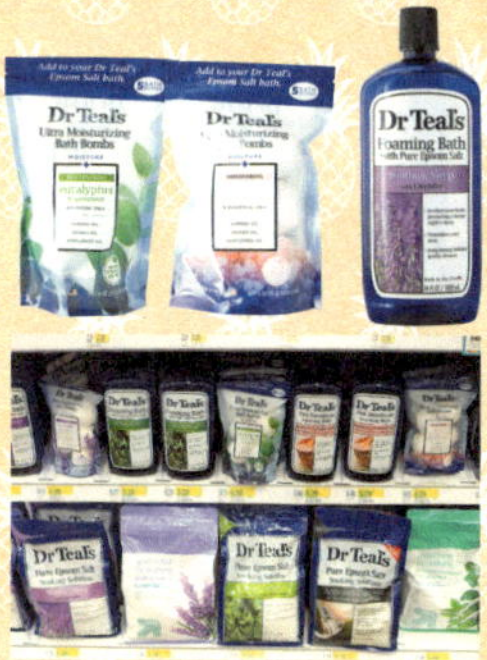

バスグッズコーナーでは 日本未発売を狙う

エプソムソルトの定番 Dr. ティールズ。ハワイは種類が豊富！ 日本に上陸したけれど、まだ日本では見かけない液体タイプなどをチェック。

MUST GO!
SUPER MARKET

会員価格でかしこくショッピング！
ハワイ産が豊富な地元スーパー

会員価格でショッピングできる「マイカイカード」は、名前と電話番号で作れるから必須！ アラモアナ店はデリがとにかく充実。イートインスペースがありハワイの味を気軽に楽しめます。デリでの一番人気は、種類も豊富なポケ。好きなポケを選べる丼は、お部屋ご飯にも◎。

Risa's ♥ Tips

カウンター席で世界各地から集めたワインや地元ビールなどを味わえる「アールフィールド・ワインカンパニー」。ショッピングの待ち時間に便利。

オリジナルブランド「マイカイ」は、お手頃な価格でパンケーキミックスやハチミツなどハワイらしいおみやげをラインアップ。必ずチェックして！

Foodland Farms Ala Moana

フードランド ファームズ アラモアナ

MAP P.137- アラモアナ B2
1450 Ala Moana Blvd.
949-5044
5:00 ～ 23:00　無休
○　https://jp.foodland.com/

MUST GO!
SUPER MARKET

アクセス至便で何でも揃う！
深夜営業も魅力のドラッグストア

医薬品や、日用品、フード、酒類にコスメなど、豊富なラインアップが魅力のアメリカの大型ドラッグストア。プライベートブランドは「CVS Health」など3種類あり、内容も充実しています。24時間営業のワイキキ店は旅行者向けの品揃えで、最終日の駆け込みおみやげ買いにも便利。

旅行者が立ち寄りやすい店舗には、おみやげを意識したチョコレートやコーヒー、マカダミアナッツなどの定番メーカーの品が多く並ぶ

Longs Drugs

ロングス・ドラッグス（ワイキキ店）

MAP P.135- ワイキキ A1
2155 Kalakaua Ave.
922-8790
24時間　無休
○　longsrx.com

Risa's ♥ Tips

ハワイアンホーストなど、ハワイメーカーのお菓子類は頻繁にセールが行われていてお得！ バラマキみやげに最適です。

食料品以外にも家具や電化製品など、あらゆるものがあるから見ているだけで楽しい

MUST GO! SUPER MARKET

日本の会員証で入店OK 大型会員制スーパーは アメリカでは“コスコ”

1枚の会員証で大人2名、子供は何人でも入店可。支払いは現金かクレジットカードで、カードはVISAのみなのでご注意を。フードコートにはアサイーボウルもあります。

Risa's ♥ Tips

オアフ島内に数店舗ありますが、個人的にはハワイカイ・タウン・センター内にあるお店が一番好き。きれいなうえ落ち着いて買い物ができます。

Costco Wholesale

コストコ（ハワイカイ店）

MAP P.130- 全図 D2 333 A Keahole St. 396-5538 10:00～20:30（土9:30～17:00、日10:00～18:00） 無休 ○ www.costco.com

MUST GO! SUPER MARKET

全米第2位の大型スーパーで アメリカの暮らしを垣間見る

食料品を中心に品揃えがよい、24時間営業の大型スーパーマーケット。アメリカの国産メーカーものが豊富なので、ほかのスーパーにはないアイテムに出会えることも。

メンバー価格で購入できるセーフウェイ クラブカードは、旅行者でも簡単に作れるので便利

Safeway

セーフウェイ（カパフル店）

MAP P.132- ホノルル C1 888 Kapahulu Ave. 733-2600 24時間 無休 ○ www.safeway.com

Risa's ♥ Tips

カパフル店はきれいで広くアクセスも比較的いいのでおすすめ。店内には簡易郵便局やスタバもあります。マラサダで有名なレナーズも近い！

ハワイで助かる **コンビニ** も！

朝食にうれしいフルーツやピザなどもチェック！ スパムむすびは、つい買ってしまうというリピーターの声も多し

MUST GO! CONVENIENCE STORE

ハワイ生まれの超有名 コンビニは、困ったら 駆け込める利便性が◎

ワイキキのあちこちにありますが、なかでもビーチウォークにある38号店は、大型で品揃えがとっても豊富。デリが充実していて、特にサラダコーナーが魅力的です。ほかにもポケ丼やロコモコ、ステーキ、ガーリックシュリンプなど、熱々のできたてを購入してホテルでどうぞ。

ABC Store

ABCストア（38号店）

MAP P.135- ワイキキ A2 205 Lewers St. 926-1811 6:30～24:00 無休 ○ www.abcstores.com

Risa's ♥ Tips

お子さんが友達へのおみやげを選ぶときにも便利。キャラ付きメモ帳やキーホルダーなど、時間をかけずに購入でき、わかりやすいハワイらしさも◎。

1 親子でお揃いに♡ オリジナルハワイTシャツは大人$39、子供$35。限定柄エコバッグ$16.5と麻バッグ$48 3 オーナーのエリコさんがていねいに着こなし方を教えてくれます。オレンジの麻ワンピース$189

RISA'S RECOMMENDATION!

SELECT SHOP

ハワイで身に付けたいものを買う LOVEなお店

1

2 ワンピのほかにも、上下セットアップのゆったりとしたパンツスタイルなどアイテムが豊富

大人肌に映えるカラーで必ず着たい服が見つかる

着心地を大切にしているオーナーのエリコさんがデザインする洋服は、天然素材の麻やコットンが多く使われています。ナチュラルな風合いに、シンプルでモダンなデザインが加わるから目をひくかわいさ。これ着てみたいなと思う服が必ず見つかります。

しかも着てみるとポケットが付いていることに気付くなど、利便性も抜群。ベーシックなカラーも魅力ですが、ハワイでは発色のいい元気カラーをチェック。顔色がよく見えるし、大人リゾートスタイルを完成させてくれますよ。バッグやアクセサリーなど厳選された小物も充実していて、ハワイに着いたらすぐ行きたいお店です。

Risa's ♥ Tips

アースカラーのイメージが強い麻やコットンなどの天然素材ですが、ハワイ用なら発色のいいカラーをチョイス！ グリーンやブルーも着ています。とっても着やすくておすすめです。

at Dawn. O'AHU

アット・ドーン・オアフ

MAP P.137- アラモアナ A2
1108 Auahi St. Suite154
946-7837
10:00～20:00（日 12:00～18:00）
無休 ○
theatdawn.com

1 ジュエリーはすべてオーナー自らデザイン。ネックレス$44は主張し過ぎず使いやすい 2 ロールオンのオイル$30～にヘアセラピーミスト$22。自然由来の成分のプロダクトしか取り扱わないので選ぶときも安心

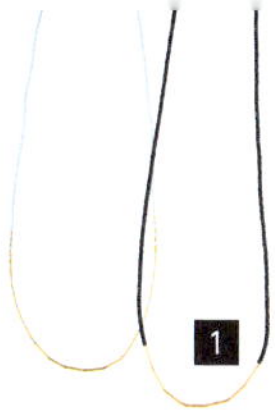

レアなハワイメイドが揃う カイムキの隠れ家的な雑貨店

“Feel Good Store”と笑うオーナー、アマンダさんセレクトのセンスが光る雑貨店。体に優しい食品やボディケア商品、心を豊かにするジュエリーなど、心地よく感じるものや大切にしたくなる商品ばかり。レアなハワイ産プロダクトも要チェックです。

AWA＋OLENA

アヴァ＋オレナ

MAP P.139- カイムキ
1152 Koko Head Ave. 260-1166
10:00～16:00
日・月 ○
www.awaandolena.com

3 お店は建物の2階、見過ごさないように。看板犬の元気なリカちゃんがお出迎え 4 リング$16～$45はどれもシンプルですてき。少しずつ違うデザインなので、指になじむものを探して

Beauty Tips

美容によいハワイ産のヘルシーアイテムもたくさん。ハーバルハニートニックやモリンガパウダーなどほかではあまり見かけないものも。

肩の力を抜いた着心地抜群の 大人カジュアルならここ

ビーチや街歩きに合うアイテムが豊富で、LAやNYの人気ブランドの洋服を多数扱っています。必ずチェックするのは、上質でベーシックなデザインがうれしい「James Perse」。シルエットがキレイなものが多く、スタイリッシュな1枚に出会えます。

1 23時まで営業しているので、ディナー後のお買い物も！ 2 ハワイメイド「AULII」や、LA発「Starling Forever」のジュエリーは$50～$100くらい 3 マネジャーのトヨコさんは、コーディネートもお得意

Turquoise Hawaii

ターコイズ・ハワイ

MAP P.135- ワイキキ B1
333 Seaside Ave. #110
922-5893
9:00～23:00
無休 ○
www.turquoise-shop.com

Risa's ♥ Tips

キッズのお洋服コーナーはアイテムが豊富でしかもかわいい♡お祝いやおみやげ選びにも最適。家族でお揃いコーデも可能です。

ファミリーコーデ

うっとりPOINT★ アット・ドーン・オアフのきれいな色の洋服は、素材がナチュラルなせいか恥ずかしさや抵抗感ゼロ♡ 必ず褒められます。

ビーチにも街にもぴったりなカジュアルバッグが豊富

目をひくライトブルーの外観にひかれて店内に入ると、ハワイらしさ満点の雑貨や洋服、スイムウエアがずらり。ビーチにそのまま着ていける洋服はセンスのいいものばかり。ハワイ柄のヘアゴムやキーチェーンなど、おみやげにもぴったりなかわいい小物も充実しています。

1 オーストラリア発サーフ＆ライフスタイルブランド「rhythm」や、カシミア素材のビーチスタイルが人気のNY発「360 cashmere」などが揃う

Risa's ♥ Tips

大人リゾートコーデに欠かせないカジュアルなクラッチバッグや、カゴバッグが欲しいときはこちら。きれいめで合わせやすいバッグが見つかります。

2 明るい店内に遊び心をくすぐられて、ハワイに似合うストローハットに挑戦 3 ハワイにぴったりなカジュアルクラッチバッグ。ジッパー付きグレー$79、レッド$68。パイナップルステッカー各$6はお気に入りアイテムに貼って♡ おみやげにも！

Diamond Head Beach House

ダイヤモンドヘッド・ビーチハウス

MAP P.139- モンサラット
3128 B Monsarrat Ave. 737-8667
9:30～15:00(土9:00～13:00) 日
○ ※営業時間は日により異なる場合あり

ローカルテイストにあふれた宝探し的なカイムキの雑貨店

ハワイで活躍するローカルアーティストの作品を中心に、インテリア、ジュエリー、ステーショナリーにキッチン用品など幅広いアイテムが揃うお店。あたたかみを感じる商品ばかりです。テーブルウエアはアンティークものを揃えているので、お好きな方はチェックして。お気に入りに出会えるはず。

カイムキまで
気軽に遊びに来てね！
sugarcane

Sugarcane シュガーケーン

MAP P.139- カイムキ
1137 11th Ave. #101
739-2263
10:30～18:00
無休 ○
sugarcane-shop.myshopify.com

1 ハワイのすてきな作品を届けたいとオーナーのジルさんが自らセレクト 2 オアフ島のデザイナーがつくる「Be Bliss」のピアス$60はハンドメイド。パイナップル型のライト各$18はキッズ用ですが、大人も手にするかわいさ

Risa's ♥ Tips

カイムキパーキングの敷地からお店に入れるので、アクセス便利。お食事やお茶をする前後に、じっくり立ち寄りたい。

RISA'S
RECOMMENDATION!

BEST of the BEST SHOP

長年通い詰める最愛ショップ

1 ハワイ在住のフランス人女性デザイナーがつくるアクセサリー「MANUKAI」は華奢で合わせやすい **2** **3** 店内にはオーナーが自らのセンスで選んだセレクト商品も。一点ものを置くこともあるので、これと思ったら迷わずに手にとって

SELECT SHOP

4 右／シャーリングトップ $49、スカート $79。左／セットアップはホワイト花柄トップス $49 とスカート $79 **5** 肩ひも付きチューブトップ $39 とサンダル $140

女っぷりを上げて 魅力を引き出す魔法の店

オーナーのエミさんがデザインするドレスは、大人のかわいらしさはもちろん、品とセクシーさを兼ね備えた究極の1枚。永遠のテーマである〝大人のかわいさ〟は、私が思うに外見的なことではなく、いくつになっても素直な心のかわいさをもっていること。こちらのドレスを着ると背筋がシャンとしながらも、すごくリラックスして自分に素直になれるんです。大人になるとついつい自分のスタイルを決めてしまいがちですが、だからこそエミさんにコーディネートをお願いしてみてはいかがでしょう。気になる体形もうまくカバーしてくれるデザインなので、きっと新たな自分と出会えますよ。

Lovely

Risa's ♥ Tips

ドレスはショート、ミディアム、ロングの3つの丈を展開。サンダルに合わせるなら少し長め、ヒールなら足首が出る丈でなど、アドバイスをいただきながら選んでいます。

MUSE by Rimo

ミューズ・バイ・リモ

MAP P.135- ワイキキ B2
2259 Kalakaua Ave. 4A
ロイヤル ハワイアン ラグジュアリー コレクション リゾート内
926-9777 9:00～21:00
無休 ◯ muse-by-rimo.myshopify.com

うっとりPOINT★ 大人ピンクの店内にいると、心がやわらかくなりハッピーな気分に。まだまだ人生を楽しまなきゃと思います♡

COLUMN

ハワイ旅のこだわり 03

theme: **LOCAL FASHION**

現地調達が楽しい
ハワイ滞在ファッション

ハワイの雰囲気や、滞在中の気分に合う服は、現地で探すのが一番！ 日本にいるときと同じ格好では、どこかリラックス感も半減するような気がしています。着心地がよくてリラックスできる洋服をハワイで購入するときに、私が意識している3つのポイントを紹介します。

まずは“弱点がカバーできている”かをチェック。スタイルのいい方は別ですが、白いTシャツと短パンだけではとてもお出かけできない私は、少しでもスラッと見えるデザインを探します。ただし隠し過ぎるのはダメ！ 程よい露出と弱点をうまくカバーしているかがポイントです。例えば私の場合、気になるのは二の腕。アメリカンスリーブやホルターネックのような肩から二の腕が出たデザインは避け、オフショルダーを選びます。オフショルダーならちょうど二の腕が隠れるので安心。袖もできるだけノースリーブではなく、肩先が少し隠れるフレンチスリーブを選びます。またリゾート地のハワイに合う白系パンツは、さわやかでおしゃれですが、スーパー膨張色。足首をしっかりと見せるクロップドパンツを選んで、ひそかに脚長効果を狙う。こうしたちょっとした思いきりと工夫が、“こなれ感のあるハワイ滞在ファッション”に必要だと思います。

お次は“リゾートに映えるデザイン”か。日本でも着ることを考えると、どうしても保守的でベーシックな色や形を選んでしまいます。あえて日本で着ることは考えず、「リゾート限定」と割り切って着たいという気持ち重視で選びます。ハワイの明るい太陽や美しいビーチに映える、顔映りがよいビタミンカラーをよくチョイス。ベーシックなカラーならデコルテラインが出るデザインなど、軽やかさが出るものを選ぶとリゾート感を演出できます。

最後は“人と差がつくアイテム”かどうか。ハワイコーデの仕上げに、現地購入の帽子やバッグなどの小物やアクセサリーをポイントとして合わせることも。アクセサリーはハワイ在住のデザイナーが作る華奢なタイプが好み。小物ならリゾート感のあるものでも、抵抗感なく取り入れることができると思います。私はスポーティなものより、大人っぽさやエレガントを感じるデザインが好き。こうして組み合わせることで、洋服はカジュアルでも大人のバカンススタイルが完成します♡

my favorite...

Beauty

RISA's 偏愛ビューティ

ハワイにいると、気負わずに素直な心で
日々を過ごしている自分に気付きます。
心身ともにリラックスできるハワイだからこそ、
普段の疲れや悩みを解消すべくエステやマッサージへ
行くことも楽しみのひとつ。
と、言いますか……もともと大の美容好き。
自宅でのお手入れも苦ではなく、
旅先でのスパ巡りや、コスメ探しはもはや趣味の域です。
旅の準備も真っ先に行うのが、
スキンケアとメイク用品のピックアップ。
そんな私ですがハワイ以外の国で
スパへ行く際に困ることが。
それは「メニュー内容がよくわからない」ということ。
そこで、特にリピートしているものに関して
可能な限りメニュー詳細や注意点を書きました。
セレクトのお手伝いができますように、と願っています。

BEST SPA in Hawaii

リサ的偏愛スパリスト

リピートメニューの流れを特別公開！

トリートメントルームには、古来よりハワイの人々に親しまれてきたマイレの葉が。香り高くリラックス効果があります

SPA LIST : 01

SPA HALEKULANI

My Choice!

MENU

● バイタリティ 90分　$295

ボディスクラブとスチームサウナ、マッサージが組み合わされたメニュー。到着日、もしくは帰国日前日に受けるのがおすすめ。

● アトキシリン酸素フェイシャル 80分　$295

アンチエイジングに特化したメニュー。特別な酸素マシーンを使用するので、濃い酸素の力で即効性と持続力あり。特別な日の前におすすめ。

● デラックスヘアートリートメント　約80分　$120

丁寧なオイルマッサージ、シャンプー、スタイリング、手のパラフィンパックのコース。紫外線で傷んだ頭皮や髪のケアにおすすめ。

about バイタリティのスクラブの種類

強め	ラベンダースクラブ+ラベンダーオーキッドローション。 香りに癒やされながら、しっかりスクラブできる。
普通	ジンジャーライムスクラブ+ココナッツ アルガンオイル。 シュガースクラブなのでテクスチャーは柔らかいが、 ジンジャーでお肌に刺激を与える。
弱め	パパイヤパイナップルスクラブ+パパイヤパイナップルローション。 酵素の力ですべすべ肌に。お肌が弱い方はこちらで。

静寂と癒やしに包まれた空間で受ける大満足の技術とホスピタリティ

使用するプロダクトの品質が高く、メニュー構成を含め常に顧客満足を考える姿勢に、オアフ島ベストリゾートとしての誇りとプライドを感じています。こうしたプロ意識と、どこか気品を感じる応対にひかれ、長年通い続ける私。何よりセラピストの技術力とホスピタリティは抜群です。予約はいつも到着日に。リラックスエリアに足を踏み入れた瞬間に広がる景色と、心地のいい鳥のさえずりに「ハワイに着いた♡」と一気に幸福感が高まります。

チェックインからの流れをおさらい！

スパ・パッケージ「バイタリティ」を受ける場合の一連の流れをご紹介します。

ドリンクを決めるのはこのとき！

STEP 1 チェックイン

私はいつも予約時間の15分くらい前に到着。受付には日本人スタッフがいることも多く、言葉の心配もほぼなし。

STEP 2 テラスエリアで恒例の足たたきからスタート

椰子の葉脈のブラシで足たたき。これはカヴェヘヴェヘ（聖なる海）の癒やしを足に入れるという儀式的なもの。

STEP 3 トリートメントルームに移動

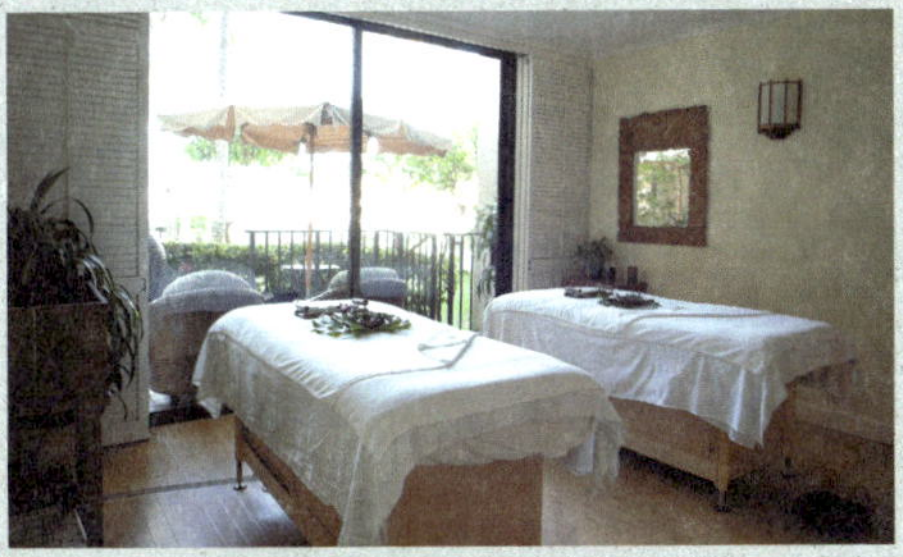

顔以外の全身ボディスクラブからスタート。普段手が届きにくい所までていねいに磨かれツルツルに。タオルでうまく隠しながら行われます。

ジンジャーライムスクラブをよくチョイスします

STEP 4 お部屋にあるスチームサウナへ

スクラブのままスチームサウナに入り、15分ほど温まったらシャワーでスクラブを落とします。汚れも疲れもすっきり。水分補給も忘れずに。

STEP 5 ボディマッサージを受ける

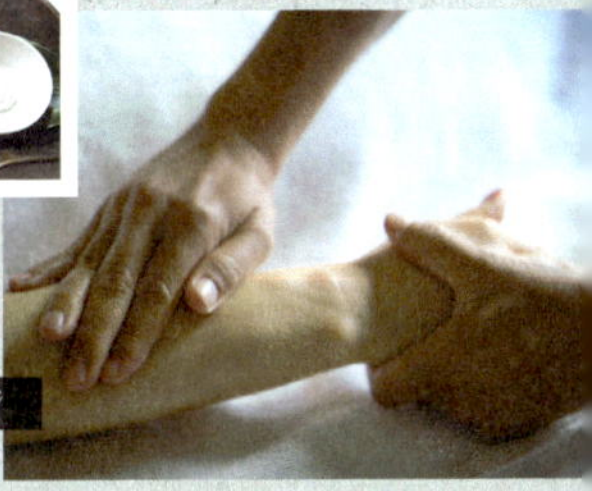

最初に選んだスクラブに合わせたマッサージオイルやローションを使って、お顔以外の全身マッサージがスタート。コリに効き、保湿もされてしっとりなお肌に。

STEP 6 テラスエリアでリラックス

ヘルシーな特製ドリンクが楽しみ

5種類あるドリンクから選んだのは、すっきりフルーティなグァバトニック。ここでゆっくり過ごすとさらにリラックス。

Spa Halekulani

スパ・ハレクラニ

MAP P.135- ワイキキ A2
2199 Kalia Rd. ハレクラニ内 ☎931-5322
8:30～20:00
無休 ○
www.halekulani.jp/spa/

うっとりPOINT★ 癒やしの水が湧き出るといわれる、神聖な海カヴェヘヴェヘ。その目の前に位置するので、リラックス度が本当に高い。

My Choice!

MENU

● **ボタニーク・シグネチャー・フェイシャル 80分 $280**

カスタマイズで肌細胞を深部レベルから活性化し、美肌再生を促したあと、24K配合のパックなどで引き締め。威力がわかるスーパーメニュー。

● **アイブロウカラーチェンジ　$15**

フェイシャル時に、よく追加するオプションメニュー（単独では不可)。髪の色に合うよう、優しいニュアンスの眉毛に仕上げてくれます。

● **アートメイク（眉毛）30分～60分　$750**

手彫りで、さらにぼかしテクニックで色を足してくれるので、ナチュラルな仕上げに。2年間のフリーリタッチ付き。

顔を触ると、肌の状態や健康状態がわかるとか。その理由は筋肉。連動して動く筋肉はひとつ疲れると、ほかのところも悪くなるそう

もはや治療の域！ 高い技術と知識
そしてあたたかい心意気の極上サロン

通い続けること14年。オーナーでセラピストの美和さんは美しくゴージャスな方ですが、実はとってもおもしろくて頼り甲斐のある姉御肌。美容や医学の最新情報と知識をアップデートし続け、その地道な努力の結晶を惜しむことなく80分の間に提供してくださいます。考案されたオリジナルの手技「フェイシャル・アナリシス」は、もはや神技！ さらに世界最新レベルの安全なマシーンを使用して、優れた即効性と持続性を実現してくれます。本来ならば到底この金額内では不可能な内容を、ゲストのために全力で取り組んでくださる美和さん。心まであたたかい方なのです。

SPA LIST : 02

BOTANIQUE SANCTUARY KAHALA

チェックインからの流れをおさらい！

STEP 1

待合室で カルテに記入

アサイーのハーブティーをいただきながら、カルテのリクエスト欄にはいつも「ぱっちりお目目コース」と記入。

特別な機械で
血流もチェック！

STEP 2

施術室に入り、肌診断からスタート

血行の状態をチェックし、肌温度を測定して状態を分析。そのうえで一人ひとりの肌質や悩みに合わせた施術がスタート。自分の肌状態や血行をタブレットで見せてくれます！

STEP 3

肌代謝温 34 度が理想 オリジナル マッサージ開始！

肌内部がぽかぽか！
ほおも上がってる！

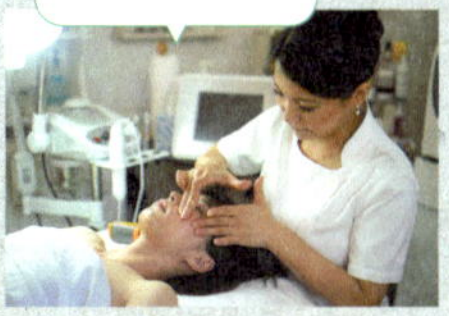

肌の温度が低い＝代謝が悪いと肌がダメージを受けた際に、それが残ってしまう。マッサージで肌の温度を上げて代謝をよくします。

このあとは
パックを行いますね

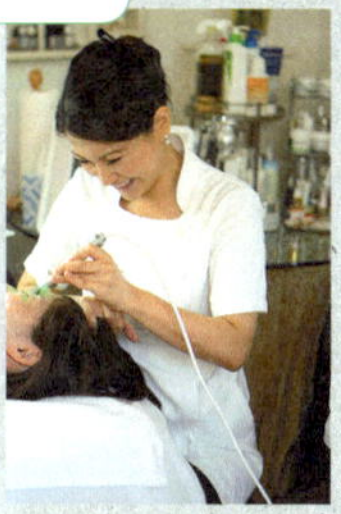

STEP 4

目の周りの筋肉を 特別なマシーンで エクササイズ

視力が落ちると、目の周りの筋肉の使い方が変わり、結果たるみやしわの原因に。これを防ぐには、目の周りの筋肉にいいエクササイズをすることが肝心。マシンを使用して、目を開くために使うインナーマッスルに 1 分間に 1200 回の微振動を与えます。

STEP 5

お茶を飲みながら リラックス

鏡を見ると、フェイスラインとほおが上がり、気になっていた目もぱっちり♡ 男性ゲストも多く、こちらは美容というよりグルーミングが中心。

目と日焼け止め
サプリは必須

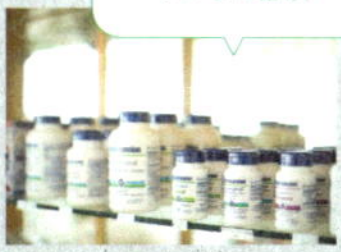

STEP 6

商品購入の希望があれば このタイミングで

オリジナルのスキンケアのほか、美和さんの審美眼にかなったものがずらり。一番のリピートは、24K 配合のバイオシルクコート $78。マルチビタミン入り美容液ジェルでお肌のトップコートや化粧下地として大活躍。ほかに日焼け止めサプリや目のサプリ $44 も愛用。

Botanique Sanctuary Kahala

ボタニーク・サンクチュアリ・カハラ

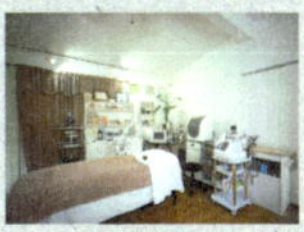

非公開　946-4898
○
www.organiquehawaii.com

姉妹店オーガニーク・ビューティ・ハウス

成田美和さん直伝のフェイシャルアナリシスのトレーニングを受けたセラピストが在籍。オーガニーク・シグニチャー・フェイシャル 90 分 $186 など、メニューも豊富です。

うっとり POINT ★　待合室の大きな窓からはやわらかな光が差し込み、心まで洗われるよう。お肌も心もリボーンする美の秘密基地です。

SPA LIST : 03

BODY MASSAGE HAWAII

「ここ痛いですよね？」と
いい当てるから不思議！

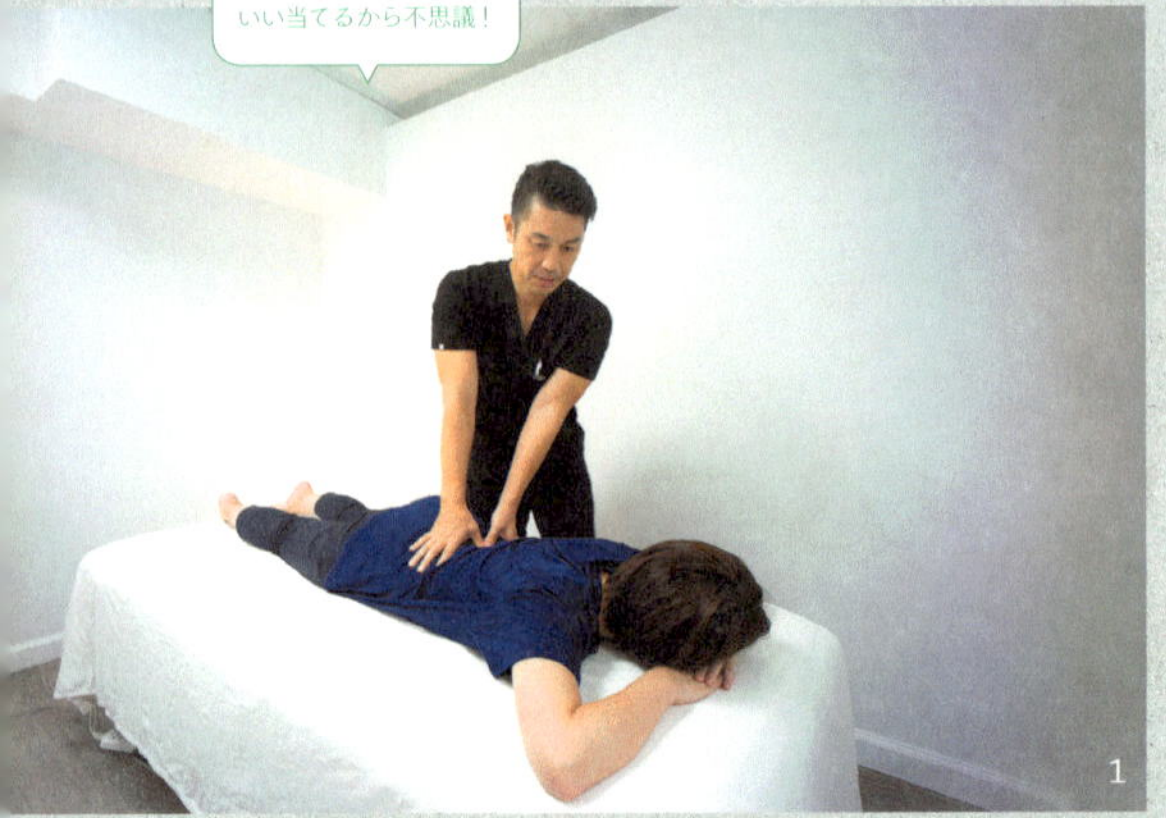

体のつくりを知り尽くしている
国家資格を有するすご腕マッサージ師

ここに通うのは体のメンテナンスをしたいから。あらゆる痛みを改善に導いてくれる施術に、絶大な信頼をおいています。多くの人の悩みに向き合ってきた院長先生の経験と知識は折り紙付きで、定期的に勉強会を開き後進育成も行っています。寡黙で怖い先生ではなく誠実で親しみやすい方なので、緊張感なく受けられるのも長年リピートする理由です。

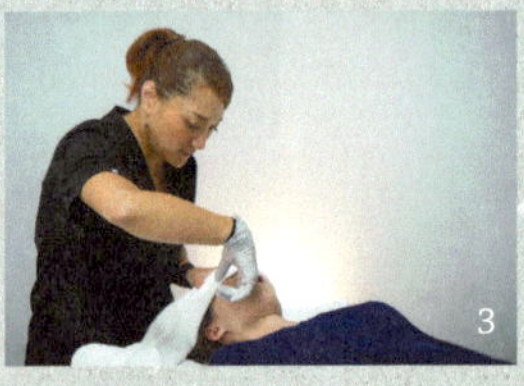

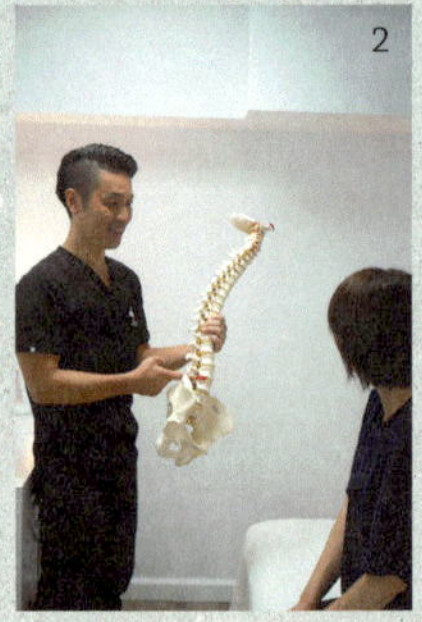

1 体のズレを直して、.自然治癒力を高める施術は神業級。早めの予約がおすすめ
2 カウンセリングもていねい。日本の国家資格の鍼灸師、柔道整復師をもつ院長の説明はわかりやすい

My Choice!

MENU

● **院長マッサージ　90分 $150**

院長の竜太先生が行ってくれるおまかせマッサージ。身体のリスニングをしながらその日の状態に必要なアプローチをしてくれます。

● **整体・全身調整　60分 $80・90分 $120・120分 $160**

東洋医学と西洋医学の両方からアプローチする指圧マッサージ。ストレッチや内臓調整を組み合わせ身体のバランスを整えていきます。

● **小顔整体　90分 $150**

全身の筋肉をゆるめたうえで、口の中から直接アプローチ。顔の筋肉がほぐれ、左右のバランスも整います。スッキリ小顔の完成です。

3 女性セラピストも在籍。人気メニューの小顔矯正は、口内の深層筋をダイレクトに刺激し、ほおの位置やフェイスラインをアップ　4 2019年9月にヨット・ハーバー・タワー内1階に移転オープン。より広くキレイになり、キッズスペースも誕生　5 パウダールーム完備で、施術後お化粧直しができるのもうれしい。アラモアナ・ショッピングセンターの目の前なので、買い物前後に行けて◎

6 広々とした待合室。清潔感があるので入りやすい　7 ネイルスペースも併設。まつげエクステもスタート予定

Body Massage Hawaii　ボディ・マッサージ・ハワイ

MAP P.136- アラモアナ C2　1600 Ala Moana Blvd., Suite105　ヨット・ハーバー・タワー内　926-0233
9:00 ～ 18:00　日　○
www.bodymassagehawaii.com

産後骨盤調整も人気。
自宅でできる
体操も伝授します！

SPA LIST : 04

NALU KINETIC SPA

1カバナルームでは、シーサイド・カバナ・マッサージなどが受けられる　2ダイナミックな自然を感じるリラクセーショシエリアが大好き。余裕をもったスケジュールでゆっくり過ごしたい　4屋内トリートメントルーム。美しいビーチが見えますが、外から室内は見えない造りになっています

3マッサージに使用するピンク色の貝殻とオイル。ココナッツアルガンボディオイルは、アメリカのオーガニックブランド、イマージンCのもの。保湿力が高く安心安全

My Choice!

MENU

● ココナッツ・ラヴァ・シェル・マッサージ

50分 $165・80分 $245

ホットストーンの代わりに温めた貝殻（タイガークラムシェルという薄ピンク色の貝殻の中にヒーターを入れて温めたもの）を使用して、筋肉の緊張をほぐすマッサージ。貝殻から発生するカルシウムイオンが肌の再生を助けてくれます。マッサージの際は、保湿効果の高いココナッツアルガンオイルを使用。しっとりと健康な肌に導いてくれます。

● マッサージセラピー用問診票（英語）について

最初に予約内容に合わせた問診票が渡されます。名前、電話、何を見て知ったのかのほか、マッサージオプション（+$25）の欄が。必要ない場合は無記入でOK。さらに「マッサージを避けてほしい箇所は？」「肌の状態や障害、アレルギー、病気など伝えておきたいことは？」「妊娠していますか？Yesなら何ヵ月か」「マッサージセラピーを受けたことはある？Yesなら最後に受けたのはいつか」という質問が書かれています。

大自然にたたずむリゾートで知る五感を使ったスパの楽しみ方

ハワイの大自然と楽園感を守り続ける、ノースショアにあるタートルベイ・リゾート。館内にあるスパは、心の休息の大切さを教えてくれる場所です。雄大な海と潮騒に包まれたロケーションのおかげで、極上のリラックス感を味わえ、最後は心と体をエネルギーで満たしてくれます。少し遠いけれど来る価値大の、大人向けスパです。

Nalu Kinetic Spa　ナル・キネティック・スパ

MAP P.130- 全図 C1　57-091 Kamehameha Hwy., Kahuku タートル・ベイ・リゾート内　447-6868
8:00～20:00　無休
○　www.turtlebayresort.com/Oahu-Spa

うっとりPOINT★　リラクセーションルームで大きな波音を聞きながらのんびり。心から落ち着くノースのうっとりスポットです。

SPA LIST : 05

THE KAHALA SPA

プライベート感たっぷりの
癒やしの空間で心身ともにデトックス

ネイバーアイランドのような、ゆったりした雰囲気が魅力のスパ。注目は広々としたトリートメントルーム。すべての部屋にリラクセーションエリア、シャワー、バスタブ、クローゼットが完備されています。技術力はもちろん、静寂の空間で自分だけの時間を楽しむことができます。

トリートメント後は、木漏れ日が心地いい外のリラクセーションエリアでのんびりするのがお約束。時間に余裕をもって訪れて。カップルルームも完備

The Kahala Spa
ザ・カハラ・スパ

MAP P.132- ホノルル D1
5000 Kahala Ave. ザ・カハラ・ホテル&リゾート内
739-8938 9:00 ~ 20:00 無休 ○
jp.kahalaresort.com

MENU

● **ハワイアン・ボディマスク & ラップ**
60分 $220

デトックス効果のあるボディマスクとマッサージ。マスクは保湿効果のタロハニーか引き締め効果のポルカニッククレイからお好みで。

SPA LIST : 06

THE SPA AT TRUMP

フレンドリーで腕のいいスタッフと
ユニークなメニューはここならでは

メニュー表だけで施術を選ぶのは意外と難しいこと。ここは、その日の気分に合わせて5つのテーマ（ピュリファイ・バランス・リバイタライズ・カーム・ヒール）からひとつ選ぶと、トランプ・スパ・アタシェイと呼ばれる専任スタッフが目的に合ったメニューを提案してくれます。日本語もOK。

ウエーティングエリアとショップコーナーが最近リニューアルし、ゆったりと過ごせる落ち着いた雰囲気の空間に。スパ後にはトリートメントで使用したアイテムを見たり、オリジナルグッズが増えたのでチェックが楽しい

The Spa at Trump ザ・スパ・アット・トランプ

MAP P.135- ワイキキ A2
223 Saratoga Rd. トランプ・インターナショナル・ホテル・ワイキキ内
683-7467 9:00 ~ 20:00 無休
○ www.trumphotelcollection.com/jp/waikiki

MENU

● **トランプ・カスタマイズド・マッサージ**
60分 $165

症状に合わせてオイルを使用したり、整体、ヒートセラピー、ストレッチなどを組み合わせて自分好みにカスタマイズしてもらえるのがうれしい。

SPA LIST : **07**

THE RITZ-CARLTON SPA, WAIKIKI BEACH

シンプルで落ち着いた空間で「ハワイの伝統」を体感するひとときを

シンプルで清潔感にあふれた施設内には、日本人ベテランセラピストも常駐しているのがうれしい。ハワイの伝統的な儀式や手技を取り入れたトリートメントは、ネイティブハワイアンへの敬意を感じる内容です。おもてなしの心を感じる最新スパ。

ウエーティングルームから見える海に心も洗われます

MENU

- **ホオマル　80分　$235**

フットマスクにロミロミ、スカルプトリートメント。顔以外の頭から爪先まで、丸ごとおまかせの充実のトリートメント。

The Ritz-Carlton Spa, Waikiki Beach

ザ・リッツ・カールトン・スパ

MAP P.135- ワイキキ A1　🏠383 Kalaimoku St. ザ・リッツ・カールトン・レジデンス ワイキキビーチ内
📞729 - 9783　🕘8:30 ～ 20:00
無休　💳○　www.ritzcarlton.com/jp/hotels/hawaii/waikiki/spa

SPA LIST : **08**

LANIWAI-A DISNEY SPA

トリートメントだけじゃもったいない 充実のスパ施設を120%楽しんで

「真水の天国」という名のついたこちらは、ハワイの水の恵みをコンセプトにしており癒やし度高し。また屋外のジェットスパや、プール、ミストサウナ、ラウンジなど施設の充実度はオアフ島No.1だと思います。

屋外ハイドロセラピーガーデンは自然を感じる至福の場所。水着を忘れずに

As to Disney artwork, logos and properties:©Disney

MENU

- **キリキリ　70分　$240**

温水を浴びながら受けるトリートメントは、心地よさ満点。水音にもリラックス効果があります。

Laniwai-A Disney Spa

ラニヴァイ・ディズニー・スパ

MAP P.131- 全図 B2
🏠92-1185 Ali'inui Dr. アウラニ・ディズニー・リゾート＆スパ・コオリナ・ハワイ内　📞674-6300　🕘8:30 ～ 19:00　無休　💳○
www.disneyaulani.com/jp/spa-fitness

SPA LIST : **09**

SOHO NEW YORK HAIR SALON

微妙な細かいニュアンスも伝わる 全員日本人スタッフの美容院

日本人ならではの細やかな技術は、ローカルからの支持率高し！ 結婚式の参列や撮影前のヘアセットで利用するのも◎。アイロンの巻き方も上手です。早朝料金（$20/30分）はかかりますが、必要に応じてオープン前の時間も対応可。

MENU

- **シャンプー＆ブロー　$28**
- **ヘッドスパ＆地肌のクレンジング　$63**
  （＋シャンプー＆ブロー $10）
- **パーティーセット　$48～**
- **指名料　$5 ～ $15**

アイロン等は髪質、毛量、デザインにより異なる　+$10～

NYが発祥の人気ヘアサロン。お店のテーマは、ロープライスで気軽におしゃれを楽しんでもらうことだそう

2020年 2月に
コオリナ店が OPEN！

SOHO new york Hair salon

ソーホー ニューヨーク ヘアサロン

MAP P.136- アラモアナ D2　🏠1777 Ala Moana Blvd. イリカイ・ホテル＆ラグジュアリー・スイーツ内　📞944-8000　🕘9:00 ～ 19:00
無休　💳○　soho-hawaii.com

うっとりPOINT★　紫外線が強いハワイでは髪もパサパサになりがち。トリートメントでサラつやになると足取りも軽く気分もアップ。

日本未入荷も!

ハワイで手に入れた

お気に入りコスメ♥

日本未上陸ブランドから未発売コスメ、メイド・イン・ハワイのコスメなどリピート買いしているアイテムをご紹介します。

Ⓔ **Longs Drugs**
ロングス・ドラッグス ➡ P.078

Ⓕ **Down to Earth Organic & Natural**
ダウン・トゥ・アース・オーガニック＆ナチュラル ➡ P.075

Ⓑ **Muse by Rimo**
ミューズ・バイ・リモ ➡ P.083

Ⓒ **Target** ターゲット ➡ P.077

Ⓓ **Spa Halekulani**
スパ・ハレクラニ ➡ P.087

Ⓐ **Sephora**
セフォラ

MAP P.135-B1 2250 Kalakaua Ave. Suite 153 ワイキキ・ショッピング・プラザ1階 923-3301 10:00～23:00 無休 ○
www.sephora.com

F DERMA・E

ダーマ イー の
サン プロテクション ミネラル パウダー SPF30(ブラシ内蔵ファンデ) $25.99

日焼け止め効果のあるブラシ内蔵のミネラルパウダーは、日中のメイク直しにサッと使えて便利。焼けやすい鼻やほおに

B INDIGO ELIXIRS

インディゴ エリクサーズの
モカ ローズ（リップ＆チーク）$12

ローカルの女性がハワイの自然素材で作り、成分も安心。ひとつでリップにもチークにもなる優秀アイテム

FAVORITE
COSMETIC
［コスメ］

A TOO FACED

トゥーフェイス の
リップ インジェクション エクストリーム $28

強力タイプのリッププランパー。唇に塗って1分くらいでぷっくりとしたボリュームある唇に。ピリピリ感あり！

A NARS

ナース のラディアント クリーミー コンシーラー（ミニサイズ）$13

クリーミーなつけ心地で乾燥せずに気になる部分をしっかりカバー。お出かけに便利なミニサイズは日本未発売

A NARS

ナース のオイル イン フューズ リップティント $26

つけ心地もなめらかでちゅるんと潤うリップ。Primal Instinct 1149は日本未発売カラーのためハワイでゲット

D EMERGEN-C

イマージン C のココナッツ アルガン ボディ オイル $60

アルガンオイル、ココナッツオイルなどが主成分でナチュラル。ベタつかずさらっとした使用感でやわらかな肌へ♡

C DR.TEALS

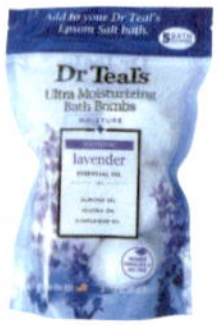

ドクターティールズ の
バスボム（ラベンダー）$4.99

発汗作用が強く、骨にもいいという硫酸マグネシウムでできている入浴剤。日本未発売のバスボムタイプがマスト

FAVORITE
BODY CARE
［ボディケア］

A MILK MAKEUP

ミルクの
クッシュ ラッシュ プライマー $24
クッシュ ラッシュ マスカラ $24

ボリュームがしっかり出るうえ、まつ毛をトリートメントしてくれるカンナビスオイル配合。下地とセットで効果倍増

A BITE

バイトのアガベリップバーム $18

「口に入っても安全」で一躍人気ブランドに。保湿力が高いリップバームはやわらかめで、万人受けする逸品

A BITE

バイト のアガベ＋
ウィークリーリップスクラブ $18

バニラの香りがするシュガースクラブは、カナダ発のナチュラブランドなので安心。週に1度の唇ケアを

A MARC JACOBS

マークジェイコブス の
ベルベット ノアール メジャー
ボリューム マスカラ ミニ $14

光沢感のある漆黒が美しいボリュームタイプマスカラ。ミニサイズはお直し用でポーチにイン。おみやげにも！

A CHARLOTTE TILBURY

シャーロット ティルブリーの
マットレボリューション
リップスティック(ピロートーク) $34

保湿成分配合でマットなのに乾かない優れもの！ 大人の肌をワントーン上げてくれるヌードピンクは色合いが絶妙

A TARTE

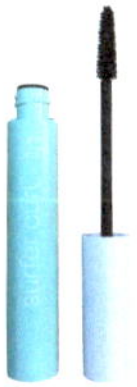

タルトの
シーサーファー カール
ボリューミング マスカラ $23

汗や涙でにじまず、ビタミンE配合のヴィーガン&クルエルティフリーのマスカラ。ボリュームアップしながらまつ毛ケア

A BLENDER CLEANSER

ブレンダー クレンザーの
ソリッド $16

メイク用スポンジはもちろん、メイクブラシのクレンズにも長年愛用。汚れ落ちも抜群で、ブラシの毛も痛まない

A NATASHA DENONA

ナターシャ デノナ のスーパーグロウ
エクストリーム シャイン クリスタル
ハイライター パウダー $38

なめらかなシルクのようなしっとりとしたテクスチャーで上品な明るさがgood。眉下や鼻筋などに入れて立体的に

A BECCA

ベッカ のシマリング スキン
パーフェクター プレスド
(プリズマティック アメジスト) $38

粒子が細かく乾燥しないハイライター。淡いゴールドベースのパープル感は大人肌になじみもよく、お顔に凹凸が

F DERMA・E

ダーマ イー のシャンプー&
コンディショナー $13.49

ドクターが開発した髪に栄養分を与えてくれるシリーズ。スカルプタイプは頭皮スッキリでサラつやの髪に♡

F JĀSÖN

ジェイソン のビタミンEオイル
$11.99

サンダウンより濃度が少し薄いぶん、肌なじみがいい。ボディクリームやハンドクリームに混ぜての使用がおすすめ

E SUNDOWN NATURALS

サンタウン ナチュラルズ の
ビタミンEオイル $9.59

水あめのようにドロッとした濃いオイルで乾燥対策。血行促進効果もあり、この濃度でこのお値段はお買い得

COLUMN

ハワイ旅のこだわり 04

theme: **SUN CARE**

日焼けを最小限に抑えるための
超私的お手入れ方法

近年の私は、年に3回、日数にしますと1年のうち2ヵ月以上はハワイに滞在しています。こう聞くと、さぞかし日焼けしているのでは？と思われることも多いのですが……お会いした方々には「焼けていないですね」と、期待を裏切っているようです（笑）。

ずいぶん昔はうっかり日焼けを繰り返し、30歳で両ほほにうっすらとしたシミが出現したときには悲鳴と後悔が。もともと美容は趣味のように好きでしたが、この頃の一番の興味はメイク。しかし、これを機に「きちんと対策しよう」とお肌のケアに意識を集中するように。ハワイに行ったときだけ“紫外線対策に気をつける”から、“1年中紫外線対策”をするようになりました。

だから日本にいるときも秋だろうが冬だろうが紫外線対策。日傘や帽子が苦手なので、使い心地も成分も優秀な日焼け止めを年中スキンケアの最後に使っています。メイク直しの際は、日焼け止めの塗り直しは面倒なのでパウダータイプの日焼け止めをポーチにイン。スキンケアで普段から取り入れているのが、週に数回の角質ケア。いらないものを取り除いて、化粧水や美容液などの浸透をよくしてくれます。こうしたことが「焼けない肌作り」にひと役買っているような気がしています。さらに週に何回かは保湿系シートマスクで水分量をアップ！　お肌の中の水分量をきっちり増やし、焼けないお肌作りを実行することで、日焼けによるトラブルは最小限に防げます。

準備万全！ お肌の水分量を保ったうえでハワイへ、が理想♡ ハワイ滞在中は、いつも以上にシートマスクを多用。持参＆ハワイで購入して使うのは美白系マスク。今日はかなり焼けたかも、という日なら「美白系マスク→保湿系マスク」のダブル使いをすることもあります。ただ角質がたまったままだと浸透も半減。これではもったいないので、ハワイでも角質ケアをきっちり行うのがマイルール。これでお肌に水分や栄養分もいき渡るかなと、念じながらせっせとお手入れしています。

こうして考えてみると、“1年中紫外線対策”の大切さを教えてくれたのは、大好きなハワイなのです。

my favorite...

Activity

RISA's 偏愛アクティビティ

体験だったり、癒やしだったり……

人はいろいろなものを求めて旅に出ます。

ハワイには冒険好きの心をくすぐるロケーションや、

深く癒やしを感じるスポットがたくさん！

自然を近くに感じることができる、“パーフェクトリゾート”。

ハワイでしたいこと＆

ハワイでしかできないことにあふれています。

デトックスまでできる海や、

感性や美意識を磨けるスポットなど、

今までの経験のなかで、大人女子に特に

おすすめしたいスポットを厳選しました。

ハワイは比較的年中暖かいので、

いつ行っても同じように楽しめるという点が魅力のひとつ。

しかし実はその時期ならではの楽しみ方もあるのです。

こうした私流の楽しみを添えながら、

ちょっぴりマニアックなアクティビティ情報をご紹介します。

RISA'S RECOMMENDATION!

Must Do!

ACTIVITY

心ときめく場所でアクティブに楽しむ方法

ハワイの大いなる自然に抱かれる！ 360度見渡せる絶景は感動必至

3 明るく親切なスタッフの皆さん。その日の天候を見極めながら、最良の絶景スポットまで案内してくれるスーパーガイド軍団。アロハ精神 120%！

1 2 天国の海とは、オアフ島北東に位置するカネオヘ湾沖にあるサンドバー（ハワイ語でアフ・オ・ラカ）と呼ばれる遠浅の海のこと。古来よりフラの聖地であり、ヒーリングスポットとの言い伝えが。キャプテンブルースのツアーは、一番浅くて広いメインのサンドバーまでガイドしてくれる

カネオヘ湾の沖合に突然姿をあらわすサンドバー（浅瀬）は、まさに"天国の海"にふさわしい場所。ここへ来ると、いつも心からデトックスすることができます。やわらかい陽光を浴びながら、果てしなく続く海の真ん中にいると、心がどんどん開かれていくよう。この解放感は何とも言えない心地よさです。サンドバーは季節や時期、潮の満ち引きによって海面の高さが変わります。これもまた自然がなせるワザ。ラグジュアリーボートのラウンジ型ソファの上から美しい海と、その先にあるコオラウ山脈を見渡す至福のひとときを味わえます。

そんな大人ハワイの楽しみ方を実現してくれる「デラックス・ラウンジ・ボート・チャーター」は、1日2組の限定ツアー。定員は6名なので、みんなでシェアすればコスパよしです。出航後は船上からウミガメを見たり、パドルボートやカヤック、スノーケリングなどの時間配分も思いのまま。サンドバーの滞留時間も好きにリクエストできるんです。また豪華な食事とソフトドリンク付きで、アルコールの持ち込みができるのもうれしいポイント。美しい天国の海をバックに、船上のプライベートピクニックへ。年代問わずに楽しめるツアーです。

Captain Bruce Tengokunoumi® Tour

キャプテンブルース天国の海®ツアー

MAP P.130- 全図 C1-C2
2250 Kalakaua Ave. ワイキキ・ショッピング・プラザ4階
922-2343
9:00-18:00 無休 ○
tengokunoumi.com

INFORMATION

デラックス・ラウンジ・ボート・チャーター
$1,200／デラックス6名乗り1隻（1日2組限定）

1

Beauty Tips

たとえ海に入らなくても、四方八方から紫外線が降り注いでくる海の上。日焼け対策は必須です。スプレータイプの日焼け止めは持ち込み不可なのでご注意を。

帽子とサングラスは必須です！

5 フードはおにぎりから唐揚げから女性にうれしいサラダやフルーツも。クーラーボックスと氷はボートに用意があるため、持ち込んだアルコールも安心

4 アクティブ派はパドルボート、のんびり派はソファにゴロン。楽しみ方はいろいろ

うっとりPOINT★ 必ず海の真ん中に立ち、グルリとまわりながら景色を眺めます。何とも言えない解放感と癒やしを感じて、うっとり。

大人の社会科見学！ ファームツアーでハワイの大地の恵みを知る

ハワイのパパイヤやアップルバナナなど、甘くて新鮮なフルーツやお野菜がどんなところで作られているのか。こうしたことを知りたいときにおすすめのツアーがこちら。カフク・ファームは家族経営の農園で、もともと1900年代にサトウキビのプランテーション農園で働くためにやってきた日本人移民の2組の家族によりスタート。現在は140エーカーの農園を所有し、パパイヤ、アップルバナナ、ナス、タロをメインに栽培しています。1年中暖かいハワイの気候や、他国との価格競争のなかで農業を続けていくには多くの工夫が必要だったとか。現在は農園の5エーカーをハワイの農業教育のために開放し、化学的なものを使用せず自然に植物を育てる方法や、自然界のなかでバランスを取って植物を育てる方法などを学んでもらう取り組みを行っています。

　広大な農園で1時間ほどかけて行われるのが、ファームツアーのひとつであるグランド・ツアー。農園の歴史や食物の栽培方法を、トラックに乗って楽しく説明してくれます。ハワイでは唯一ここだけで栽培しているアサイーや、青々としたアップルバナナの木、さらにはカカオの実やパパイヤなどなど、見たこともないものがいっぱい！サンプルで季節のカットフルーツも付いてくる、美味しいツアーです。

Kahuku Farms

カフク・ファーム

MAP P.130- 全図 C1
56-800 Kamehameha Hwy., Kahuku 628-0639 11:00 ～ 16:00（ファームツアーは月・水・金 13:00 ～）
火 ○
kahukufarms.com

INFORMATION

グランド・ツアー

料金：$32／大人、$22／子供（5 ～ 12 歳）、4 歳以下無料

1 2 予約はカフク・ファームの英語 HP ➡ Farm Tours ➡ Grand Tour ➡ Book Now で。ガイドも英語のみだけれど雰囲気が楽しいので不安は感じません

アサイーの栽培はここだけだよ

3 ハワイでは必ずアップルバナナを食べています。普通のバナナよりリンゴのようなさわやかさがあります 4 アサイーの可食部はとても少なく、ほぼ皮のみ。ひとつに 25 ～ 30 個くらいのハワイ産アサイーを使ったアサイーボウルは、カフェで食べることが可能。$11 ～（時価）

Risa's ♥ Tips

併設のカフェや売店は必訪。特にピザやスムージーは絶品ですよ。フルーツも購入できて、ハチミツやリリコイジェリー、ドレッシングなども good！

植物を楽しみながらのんびりと歩ける、大人向けハイキングスポット

1 神話にゆかりのある地で、パワースポットとしても知られる。太古の地層が残っているので、大地のエネルギーがとても強いのだそう

60エーカーある広大な敷地に、多様な植物が植えられているボタニカルガーデン。入口付近のボックスに園内ガイドが入っているので、それを取り自由に入園するというスポットです。一番おすすめの時期は5~8月くらいのプルメリアの時期。特に見頃は5月頃です。入園してすぐの場所に咲き乱れているため、圧巻！プルメリアの香りに包まれながら、ほっとひと息、癒やしの時間を過ごせます。ほかにもブーゲンビリア、ナウパカ、ハイビスカスなどハワイを代表する植物を見ることができます。冬の時期はお花はほぼお休み。

年中楽しめるのは、園内奥

1

2

3

4

2 オアフ島内で最もプルメリアの種類が多く、大小さまざまなプルメリアを一度に見ることができる場所。一番の見頃である5月前後にハワイに行くならぜひ 3 可憐なプルメリアから、イメージより鮮やかなものまで。一見の価値あり！ 4 青空の下に映えるピンクや赤のブーゲンビリア。こうした花を見ながらのんびりハイキング

美しい花々に
見入ってしまいそう

にあるサボテンです。乾燥地帯の植物も多く栽培しており、ハワイらしくない雰囲気が逆におもしろく、最近は結婚式などの撮影スポットとしても人気が出ているのだとか。2マイルあるガーデン内のハイキングルートをぐるりと1周すると、所要時間は1〜1時間半くらい。自然にあふれた場所なので、日差しを遮るものは何もなく日中はかなりの暑さに。訪問は午前中の涼しい時間帯がベストです。またトイレは簡易的なものがありますが、あまり衛生的ではないので近場で立ち寄ってから訪れるのがお約束です。

Beauty Tips

売店はないため水は必須。直射日光でかなり暑いので、日焼け対策は万全に。意外と見落としがちな頭皮の日焼け対策のために、私は日焼け止めスプレーも持参しています。

Koko Crater Botanical Garden

ココ・クレーター・ボタニカル・ガーデン

MAP P.130- 全図 D2
7491 Kokonani St.
7:00 ~ 17:30(季節により変動あり)
無休　$ 無料

うっとりPOINT★ プルメリアが咲く時期は、思わず目がハートになるかわいさ。 香りもよく、お花の妖精気分になってしまう撮影スポット！

行く価値大の華麗なる館 記憶に残る色彩とアート

イスラムアートをちりばめた、大富豪ドリス・デュークの邸宅。イスラムアートとハワイ、このふたつに強くひかれて造った夢の邸宅です。ホノルル美術館主催のツアーでのみ訪れることができ、初めてツアーに参加したときの驚きは、今でも覚えています。彼女は亡くなるまで2500点以上のイスラムアートを収集。建設の際には自ら設計し指示を出したという建築家としての一面もあったそう。

外観はシンプルですが、邸内の各部屋はそれぞれ鮮やかな色調で、そこに世界中から集められた調度品が。どこを切り取っても芸術的で、感性が刺激される豊かな時間を過ごせます。美的センスが刺激され、何度も行きたくなる場所なのです。

1 イスラム建築にならい中庭を中心とした設計で、邸内に入るとすぐブルーのモザイク壁が美しい中庭が。右上は黄色が鮮やかなシリアンルーム。天井から下がるランプは18～19世紀に北アフリカで作られた貴重な品 3 左はドリス本人

2 雄大なブルーの海にダイヤモンドヘッド、白を基調とする庭は、そのコントラストが美しい。プールに続く水音も心地よい空間

Shangri La シャングリ・ラ

MAP P.137- アラモアナ A1 非公開（ホノルル美術館に集合しシャトルバスで移動） 532-3853 10:00～16:00 日～火 ○
shangrilahawaii.org

INFORMATION

シャングリ・ラ・ツアー

ツアー時間：英語／水～土 9:00、10:30、12:00、13:30、
日本語／水・金 12:00

料金：$25／1名

Shangri La Historical Archives, Doris Duke Foundation for Islamic Art, Honolulu, Hawai'i

Risa's ♥ Tips

初めてなら日本語ツアーで、2回目は英語ツアーに参加し異国情緒を存分に楽しむのも◎。参加費の$25にはホノルル美術館の入館料も含まれるので、ツアー前後で美術館も楽しめます。

1 アートのようにかわいい作品も多数　**2** レインボーカラーに “aloha” の文字が何ともハワイらしい人気のアート。ここは駐車場のためアートの前に車があることも多々。日曜日が狙い目です。アートの位置は「パウワウハワイ」のサイト powwowworldwide.com でチェック！

色合いがきれいな
作品が好き

ウオールアート巡りなら ツアーやbikiが楽ちん

　カカアコ地区の町おこしのために始まったウオールアートが、地域の発展を牽引。今ではホノルルの観光スポットのひとつとなっています。周りには複合施設の「ソルト」があり、「ホールフーズ・マーケット（クイーン店）」や「ダウン・トゥ・アース（カカアコ店）」などが出店。ショッピングとセットで楽しめるスポットに。

　また毎年2月のイベント「パウワウハワイ」では、世界中からアーティストを集め数週間かけてウオールアートを一新（人気のアートはそのまま）。たくさんのアートが広範囲に点在しているので、お目当てがある際は事前に場所を確認しておくのがベターです。

Kakaako Wall Art

カカアコ・ウオールアート

MAP P.138- カカアコ

カカアコの Auahi St. や Cooke St. などに点在

※24時間見ることができるが、日中の訪問が望ましい

Risa's ♥ Tips

あまり治安のいいエリアではないため、アート巡りの際は歩き回るよりシェアサイクル biki やレンタカー、ツアーが便利＆安心です。日焼け対策と飲み物もお忘れなく。

うっとりPOINT★　シャングリ・ラ邸内は、細部まで芸術的で完全に魅了されます。庭に出たときの雄大な景色との融合に心奪われます。

オーナーはレイメーカーなので、レイのオーダーが可能。フラワーアレンジメントも行う

Risa's ♥ Tips

「オーシャンドリーマー」という名で、フラワーバスも提供中。オーナーの自宅にあるスタジオで華やかな写真を撮影可能です。

進化するハワイのレイ 色彩豊かな作品が魅力

ロコの女性が営むフラワーショップ兼ワークショップスタジオ。レイやバングルなどさまざまなお花を用いたアート作品のワークショップを定期的に開催。個人でワークショップを依頼したい際は、24時間前までの予約が必要ですが、店頭に材料が揃っていればその場で可能なときも！

Lei Lai Studio

レイ・ライ・スタジオ

MAP P.130- カイルア
438 Uluniu St., Kailua
397-9825 11:00～17:00 不定休
○
leilaistudio.net

INFORMATION

料金：ひとり $75
ワークショップの情報はインスタで公開
@lei.lai_studio

優しい花に魅了！ ハレイワのキュートなフラワーショップ

やわらかな色彩を多く用いた、ナチュラルでモダンなアレンジメントを得意とするお店。ウエディングやイベント用のお花を手がけることも多いそう。地元の栽培者が植物の最新情報を教えたり、レイ作りのワークショップなどを開催しています。

Lulu's Lei and Bouquets

ルルズ・レイ・アンド・ブーケ

MAP P.131- ハレイワ
66-250 D102 Kamehameha Hwy., Haleiwa 366-4290
9:00～18:00
無休 ○ luluslei andbouquets.com

INFORMATION

プライベートワークショップ
料金 $75／花冠、$75～／ベースアレンジメント、$50／季節のリース

Risa's ♥ Tips

花の王様と呼ばれるプロテアを使ったアレンジメントが人気。6～8月は入荷しないため、この時期以外にお願いしてみてはいかがでしょう。

レイは王道のオーキッドやピカケなどハワイのお花を使用したものや、ローズなどを使ったモダンなアレンジも行う。オーダーも可能

インスタグラムやウェブで開催時期は随時お知らせ。ひまわりは1本$3で購入可能

期間限定公開のひまわり畑 見頃時期なら要チェック！

開花時期だけ公開されるワイマナロの農園内にあるひまわり畑。時期は開花具合によって毎年異なりますが、4月や7月、10～11月頃など年に数回見頃を迎えます。また農園で取れたレモンで作るオリジナルのナロ・メイド・レモネード$7も人気です。

Waimanalo Country Farms

ワイマナロ・カントリー・ファームズ

MAP P.130- 全図 D2
41-225 Lupe St., Waimanalo
306-4381
www.waimanalocountryfarms.com

INFORMATION

期間：4～5月、7～8月、10～11月頃
料金：入場料 $3（2歳以下、駐車場は無料）
開園情報はインスタで公開
@waimanalocountryfarms

Risa's ♥ Tips

近年撮影スポットとして人気上昇。フォトセッション等でカメラマンと一緒に本格的な撮影をする場合は、事前に撮影の予約が必要です。

「ナロ・メイド・レモネード」は、KCCファーマーズマーケットなどにも出店。お味は5種類

歴史的建造物に価値ある収蔵品 アートなハワイを大人は楽しむ

ハワイ先住民とハワイを形成してきた移民の故郷をお互いに知り得るようにと造られた、歴史ある美術館。ハワイやポリネシアの作品だけではなく、葛飾北斎などアジアの作品も多い。ほかにもピカソ、モネ、ゴッホ、ゴーギャンなどもあり見応えたっぷりです。

The Honolulu Museum of Art

ホノルル美術館

MAP P.137- アラモアナ A1
900 S. Beretania St.
532-8700
10:00～16:30
月　○
honolulumuseum.org

INFORMATION

料金：大人 $20（18歳以下無料）

Risa's ♥ Tips

1～10月までの毎月最終金曜日の18～21時に開催されるアート・アフター・ダークは、新しい美術館の楽しみ方として人気です。

館内にあるランチができるカフェ、庭園やギフトショップも落ち着いた雰囲気で魅力的。カフェは予約必須で電話かウェブから可能

うっとりPOINT★ ハワイの歴史的建造物に認定された美術館は、優しい光が差し込む青いタイルが印象的な中庭も必見！

Trip Snap

トリップスナップ

www.trip-snap.com

INFORMATION

カピオラニパークまたはアラモアナビーチ
料金：60分／100カット以上／$360

ダウンタウン〜アラモアナビーチ
料金：120分／200カット以上／$800

ラニカイビーチ＆カイルアタウン
料金：180分／200カット以上／$1180

上記のほかにも個人的におすすめのココナッツアベニュー＆ビーチや、弾丸でフォトジェニックスポットを回るツアーなど、ウェブからプランをチェックし申し込み可能

「ありのままの笑顔を切り取る」と銘打ってプロカメラマンが撮影。撮影データはJPEGでダウンロード納品。ポストカードや年賀状などの作成に役立てる人も多数

思い出はプライスレス♡ 笑顔いっぱいのフォト撮影

本書の写真を撮り下ろしてくれている、ハワイ在住フォトグラファーYASIさん。信頼する方からご紹介いただき、YASIさんが代表を務める「Trip Snap」のフォト撮影を初めて申し込んで早5年以上になります。

写真を撮られるのが苦手な私でも、自然に笑顔になるような気さくな雰囲気で力みを解いてくれたお方です。ウエディングフォト出身のYASIさんは、女性のポートレートから家族写真までお手の物。たたずみ方やポージングの指南までしてくれます。まずYASIさんが見本を見せてくれるのですが、その姿にまず笑いが出て、毎回一気に緊張が解けるんです。きっとこれも計算なんだと思われます。ハワイの自然や街並みを生かした、やわらかく自然体なフォト。これからも美しいハワイでの思い出を写真に収めてもらいたい、そう思っています。

Risa's ♥ Tips

撮影ツアーは歩くことがあるため、歩きやすい靴で移動し、撮影時はスタイルアップしてくれるサンダル等で臨むのが私なりの工夫。大きめの手鏡も必ず持参してチェックしています。

こちらもオススメ！

完璧に撮影へ臨むなら、気になるのはヘアメイク。いつもお願いしているビリーノさんは、みなさん日本人であたたかくおしゃれな方ばかり♡ TVや雑誌の撮影も担当するプロ集団です。

ホテルのお部屋まで来てくださいます！

Bilino ビリーノ www.bilino.com

うっとりPOINT★ 歴史的な建物の前や、ビーチへと向かうブーゲンビリアが咲く小道での撮影は特に印象深く、すてきな思い出に。

COLUMN

ハワイ旅のこだわり 05

theme: **FASCINATING SPOT**

思わずうっとりしてしまう
私のフォトジェニックスポット

#ハウスウィズアウトアキー

エレガンスに満ちあふれた至福のホテル「ハレクラニ」。こちらにあるレストランで、オープンエアの空間から見るダイヤモンドヘッドは、王道のうっとりスポットです。

#ダウンタウン・マーチャント通り

築100年以上の歴史あるビルが並ぶ「Merchant Street Historic District」と呼ばれる場所。雰囲気抜群な「ブリュー・バー」（→P.41）も。

#ロイヤル ハワイアン ホテル

ホテル内の廊下を通り抜けると、目の前に広がるこの景色！ 芝生越しに見る青い空とワイキキ・ビーチ、そしてピンクの壁とパラソル♡ 何ともかわいいコントラスト。

#ハワイの歴史ある住宅

カピオラニ公園の東側、ダイヤモンドヘッドの麓にあるココナッツ・アベニューやキエレ通りには、歴史的建物に登録された住宅が点在。昔に思いをはせながらお散歩も楽しい。

#ワイキキサンセットタイム

日が暮れる前の、空が青からオレンジ色に少しずつ変化していく時間帯が大好き。写真のモアナ サーフライダーの前など、ワイキキには美しいサンセットポイントがたくさん！

#フォート・デルッシ公園

緑あふれる公園は遊歩道も整備されており、お気に入りのお散歩コース。太陽の光が差し込むと木々がキラキラして本当にきれい！ リラックスができて落ち着く場所です。

my favorite...

Travel Tips

RISA的 ハワイ旅の準備とヒント

ハワイに魅せられ、ハワイの見どころや
最新情報をブログなどで発信すること早15年。
今までは、書籍や連載コラムでもおもにハワイの
現地情報に焦点を当てて発信してきました。
この章では、発信者である「私」は、
こんな人で、こんな風に準備をして、
こんなスタイルでハワイで過ごしています……と、
「私」の部分にスポットを当て、お届けします。
旅のマニュアルとしてお役に立てるのかどうかは
不安しかありませんが、
いつも自分がこだわりをもっている
“大人女子の旅行者目線”
そんなハワイ旅をご紹介できればと思います。
最後には、旅をする月やシーズンごとのちょっとした
楽しみ方をトラベルカレンダーにしています。
皆さまの旅のヒントになりますように。

リサ的
ハワイの
基本

スーツケース＆バッグ中身を全部お見せします！

パッキングはこう！

想像以上に収納力が高いスーツケース。片側開きの点も◎です。ホテルのラゲッジラックに置くだけで、そのままタンス代わりになり整理整頓の手間が省けます。帰国時は洗濯物や靴を軽くて大きな別のバッグに入れ、空いたスペースにおみやげをイン！

PART:1

SUITCASE

● スーツケース

快適でスタイリッシュな旅をサポートしてくれる「グローブ・トロッター」が好きで、スーツケースは何色がよいか数年迷った結果、2019年春夏「リビエラ」コレクションの淡いピンクに。サイズは30インチ。

スーツケースはコレ！

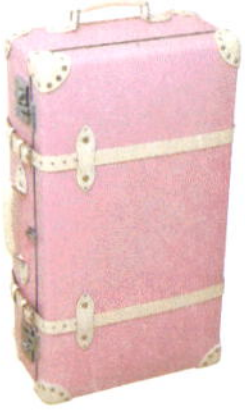

機能性＋見た目重視！ 大切なのはワクワク感

“旅はパッキングから始まる”これ、私の旅の合言葉です。滞在するお部屋を、到着後すぐに自分自身が心地いいと感じられる空間にできるよう、パッキングから楽しむのがマイルール。過去の経験をもとにたどり着いたのが、スーツケースの中でアイテムがむき出しにならないよう旅行用収納ポーチを多用して、アイテムごとに収納すること。こうすれば、到着後にあれがどこだっけ?なんて焦ることもなく一気にハワイモードに浸れます。

　また旅の醍醐味はワクワク感。機能性はもちろんですが、見た目も重視します。荷物を詰めるときもスーツケースを開けたときにもうっとりできるアイテムを選んでいます。

各ポーチの中身をチェック!

01: シューズ

汚れても安心＆洗える素材の専用ポーチに収納。ビーチ用と、カジュアルでもドレスアップでも対応できるシューズの計2足を持参。スニーカーのときも。

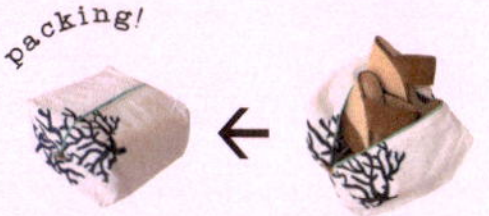

チットチャットハワイ→ P.65

02: コスメ

旅のコスメは最小限で……とは真逆の大容量（笑）。紫外線や乾燥のことを考えファンデは2種、メイク用品は必須アイテムのほかに挑戦したいものを。ブラシ類も必ずイン。

ステファニー・ジョンソン

03: 充電器

パソコン用、携帯用、一眼レフ用、イヤフォンなど、あれこれあるバッテリーやコンセントの類は、小さめのポーチにひとまとめで収納しています。

フォクシー

04: アクセサリー

10年以上使っているルイ・ヴィトンのジュエリーケースにリング、ブレスレット、ネックレスなどを収納。到着後もこのまま置いて使える優秀品。

ルイ・ヴィトン

05: フェイス＆ボディケア

ナイロン素材の洗面用品ケースを愛用中。そのままドアフックやタオルかけにかけられるフック付きで整理整頓いらず。大きなボトルも入る抜群の収納力が魅力です。

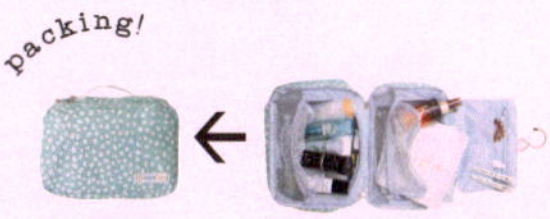

フライトワン スペースパック

06: ドレス

シワになりやすいマキシワンピースなどはふわっとたたんで、オーダーメイドした専用の収納ポーチに。そのほかの衣類と分けて収納するのがマイルール。

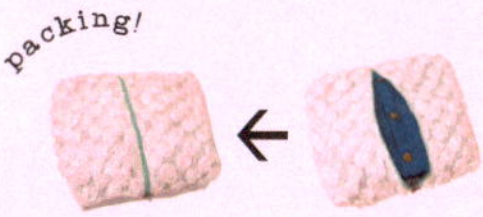

チットチャットハワイ→ P.65

More!

ハワイに置いているものははやりに関係ないベーシック系

約10年前にお部屋を購入して以来、オーナー専用の納戸やストレージに、ある程度の物を保管することが可能に。置いているものは必須でベーシックなものたち。ハワイで使うナチュラル素材の大きめバッグや帽子、インナーは色違いで、運動用アイテムなども。

PART:2

CARRY-ON BAG & TRAVEL OUTFIT

● 機内持ち込みバッグ＆コーデ

機内持ち込みバッグは、PC が入る大きめでマチもあるトートバッグがお約束。また機内コーデはシワにならない素材のシンプルなワンピースが基本。本当はスウェットパンツが便利ですが、悲しいことに似合わず……よってワンピ派です。

持ち込むのはこれ!

行きは保湿&熟睡モード 帰りは保湿&仕事モード

機内で一番意識することは、"保湿"。ただでさえ年々水分が奪われていくのに、これ以上奪われるのは危険です。お肌はもちろん、唇、目、毛先、ハンド、ひじ、ひざ、かかとも要ケア。そのためリップバーム、目薬、ハンドクリーム、マルチオイルは必須です。このひと手間が大切。

また時差ボケ防止を考え、「行きは睡眠、帰りは寝ない」がモットー。そのため睡眠用リラックスできるアロマと、寝ない用の仕事道具をバッグにイン。アロマは「SHIGETA」が好きで、こちらのエッセンシャルオイル「ボディー・マインド・スピリット」を。機内なので控えめに、ほんの1、2滴みぞおちにつけます。

必要なものは整理して入れてます!

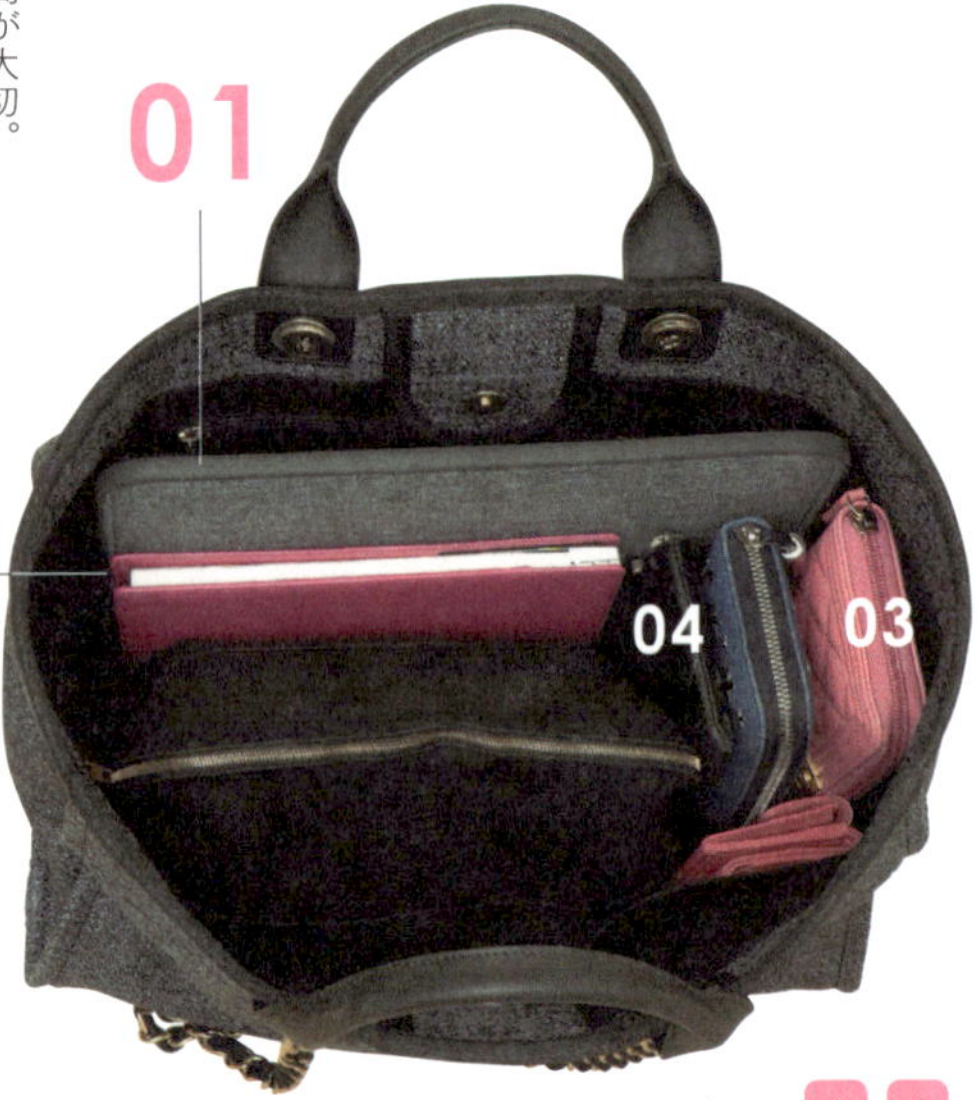

小物は大きめポーチに収納

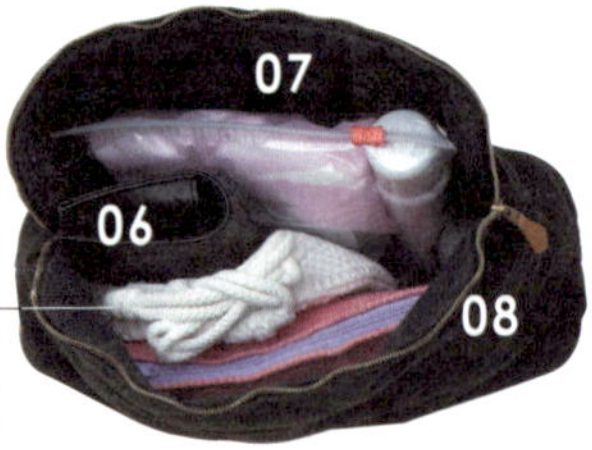

たっぷり入るバッグの場合、きちんと整理して入れないと何がどこにあるかがわからなくなることも。よってバッグ・イン・バッグの要領で、細かいものや特に機内で使うものは大きなポーチにまとめて収納。バッグ自体は機内の棚にしまい、ポーチは手元に置いておきます。

荷物が多いときはこれも持ち込み!

国内線・国際線に持ち込み可能なサイズの、グローブ・トロッター「エミリア」18インチトロリーケースが便利。携帯など必要なもののみ小バッグに入れます。

機内持ち込みバッグの中身をチェック！

01: パソコン

ブログやインスタはスマホからの投稿がほとんどですが、原稿や連載コラムはPCで。MacBookの軽量タイプを愛用中です。ケースに収め、バッグにイン。

02: ノート

簡単な内容のメモはスマホのメモ機能が便利ですが、図やざっーと書きたいときは紙が好き。伊東屋「カラーチャート」A5サイズのメモパッドを愛用。

03: 財布

普段使うお財布のほかにドル用と、滞在中にクラッチなど小さなバッグを使う際に便利な小さめお財布の3種を持参。アクセントになるカラーをチョイス。

04: パスポート

パスポートやチケットなどは専用にしているケースの中へ。大事なものはむき出しにならないほうが安全。10年以上使っている相棒です。

05: ヘアケア

液体以外のものを、「ハレクラニ・ブティック」で購入した巾着タイプのポーチにひとまとめ。携帯用コームやクリップ、結び目がつかないゴムは必須。

06: サングラス

到着後、空港を出てすぐに使うサングラスは専用ケースに入れて。日差しが強いハワイでは必需品です。流行より自分の顔に合う形を見つけることが大事。

07: フェイス & ボディケア

機内ではファンデのみ落としてお肌のケアを。ミストやアロマのほかに保湿系スキンケアのサンプル、リップ、ハンドクリーム、マルチオイル、目薬などを持参。

08: ペンケース

消せるボールペン「パイロット」フリクションポイント04を愛用。ほかに領収書をまとめるクリップ、ミニノートやガジェット用アクセサリーをポーチに。

ジッパー付き透明プラスチック製袋！

液体物は、100ml以下を透明プラスチック製袋（縦20㎝×横20㎝以下）に収納して機内へ。

More!

シンプル・動きやすい・シワにならない！ 目指すは“移動中もスタイリッシュ”

機内コーデに一番合うのは、生地の質感や伸縮性のいいスウェットパンツ。しかし履きこなすにはスタイルも必要な気がして、ちょっと気後れ。だから私の場合は長めのワンピースを着ることが多いです。冬ならこれに薄くて暖かい上着をプラス。

日本が冬の場合なら、貼るカイロも持参。温度調節ができることを考えて、ワンピの下に厚地のインナーを着込みカイロでカバーします。もこもこソックスも必須です！

自分が満足できる顔づくり
メイクの力で1日を楽しく

昔からメイク好きでコスメが大好きな私。なぜならメイクはコンプレックスをカバーしてくれるから。少しでもうまくカバーできるように試行錯誤を繰り返して、自分がなりたい顔づくりを必死にやっていた時期もあります。

PART:3

RISA'S TRAVEL COSMETICS

● 旅の必須コスメ

私のハワイでのスキンケアステップを紹介します!

MUST HAVE

SKIN CARE

01：ホワイトモイスチャークレンジング／FTC　02：ホワイトモイスチャームース／FTC。美容成分たっぷりのクレンジングと泡で出てくる洗顔に効果を実感　03：モテジョ ブースター／ボタニーク・サンクチュアリ・カハラ。化粧水などの効能成分を肌内部に届けてくれる導入美容液。お肌のハリが格段に上がるので必須　04：ジ・エー リセルローション／THE A。高濃度ヒト幹細胞順化培養液配合の化粧水。美容液のようなとろんとした使用感でしっとりと潤いのあるお肌に　05：ジ・エー モイスチャークリーム／THE A。高濃度ヒト幹細胞順化培養液配合クリーム　06：リチュエルソワンイユー／クレ・ド・ポー ボーテ シナクティフ。アイクリームと目元用シートマスクのセット　07：バイオシルクコート24K／ボタニーク・サンクチュアリ・カハラ。お肌の水分や栄養分を閉じ込めてくれる優秀トップコート

MUST HAVE

BASE MAKE

01：UV エサンシエル コンプリート SPF 50/PA++++ ／ CHANEL。軽いつけ心地のジェルクリームはハワイにぴったり　02：スムース＆プロテクトプライマー SPF50/PA++++ ／ NARS。毛穴やしわなど肌の凹凸をなくし、つるんとしたベースを作ってくれる優秀下地　03：ナチュラルラディアントロングウェアクッションファンデーション SPF50/PA++++ ／ NARS。ツヤ感のある仕上がりと高いカバー力が魅力　04：ラディアントクリーミーコンシーラー／NARS。色ムラのカバーはもちろん、つけることでハイライト効果まで出る優秀コンシーラー　05：ライトリフレクティングセッティングパウダープレスト N ／ NARS。無色のパウダーは透明感＆光沢感が◎　06：シマリング グロー デュオ／THREE

そして今、一番大事だと思うのは、シワっぽくならないベースづくりと盛り過ぎないアイメイク。目標は「実は手が込んでいるけどナチュラルに見えるメイク」。メイクが好きで苦にならないからか、時短メイクには興味がないようです（笑）。本当は「最小限のコスメでハワイへ」と題してお届けしたいところなのですが……。こういう私なので、きっと人より多いと思われる必須のアイテムを、ハワイへ全部持参するようにしています。挙げているものは、色の出方や質感、使用感などをいろいろと試した結果、個人的に満足しているものです。それでは、恥ずかしい気持ちを押し殺して、冷や汗をかきながらお届けします。このなかで何かピンとくるものがひとつでもあればうれしいです。

MUST HAVE

EYE BROW

01：ブローパーフェクター／NARS。芯が細くて描きやすい、くり出しタイプのアイブロウペンシル　**02：**クッシュファイバーブロウジェル／ミルクメイクアップ　**03：**ラパレットスルスィルドゥシャネル／CHANEL。ペンシル、パウダー、そしてジェルの眉マスカラの3つ使いがマスト。

MUST HAVE

LIP

01：リップグロスN 1695 ピンクベージュ／NARS　**02：**ベルベットリップグライド 2711 ヌードピンク／NARS　**03：**ディオールアディクトリップ マキシマイザー 001 ライトピンク ／DIOR。大好きな基本リップの3本。この順に重ねぬりするのも◎！

MUST HAVE

EYE SHADOW

01：ベルベットシャドースティック 8256/8265/8267／NARS　**02：**シングルアイシャドー 5307/5337/5338／NARS　**03：**ベルベットアイライナー 8176／NARS。芯の柔らかさと茶の色合いが絶妙。きわに引きブラシでぼかして使っています　**04：**タトゥーライナー マッドマックスブラウン／KAT VON D　**05：**スティロユーウォータープルーフ 20 エスプレッソ／CHANEL。アイメイク前にはまぶたにアイシャドウ ベースも。発色のよさが違うので必須です

PART:4

HAWAII TPO COORDINATE

● シチュエーション別コーディネート

大人のハワイ旅で大切なのは、TPOを意識したコーディネート。時間や場所にぴったりの着こなしを自分らしく楽しんでみませんか。ハワイのシーンに合わせた私なりのコーディネートを、4パターンご紹介します。

日常から抜け出して ハワイの空気感にとけ込む

海外に行くと、日本人はファッションに対する意識が高いと感じませんか？ おしゃれ大国、日本に住んでいると、ファッションの流行に振り回されることが多く、私も昔はトレンドを敏感にキャッチしようと意識していました。し

RELAX

☑ 年季もの「エミリオプッチ」のパイル地ワンピ

☑ 「フローラベラ」のナチュラル素材のクラッチ

ハワイの日差しに負けないカラー 1枚で雰囲気が出る納得のブランド力

バカンスへのお供が続く相棒ワンピ。購入は10年以上前なので、完全に元を取っています（笑）。パイル地なので下着や水着の上にサッと着れて、快適さは抜群。すっぴんにサングラスでも、デザイン力があるので大人感が出るなと、自己満足度も大です。パイル地ワンピの魅力に目覚め、新たなものを探すのですが、腕が丸出しだったり、丈が短過ぎたり、タイトすぎるシルエットだったりと……、なかなかこれ！というものに出会えません。ただいま「2代目パイル地ワンピ」を絶賛捜索中。

CASUAL

☑ 肌ざわりgoodな「サウスパレード」のTシャツ

☑ ユニセックスなパナマ帽。これひとつで大人カジュアルに

☑ 「ジェームス パース」のコットンのニットスカートはヘビロテアイテム

カジュアル＝パンツだけじゃない 着回し優秀な大人カジュアルスカート

目標は“大人っぽい、洗練されたカジュアル”。これをイメージして購入したのが、コットン素材のストレッチが効いた黒のニットスカート（ターコイズ➡P.81）。カジュアルなTシャツ（ターコイズ➡P.81）を合わせ、足元はスニーカー、パナマ帽（カールドヴィカ MAP P.135-ワイキキA2）も使ったコーデの完成です。このスタイルだと、ホテルでランチをしたり、おしゃれなカフェに行ったりも躊躇なくできます。ディナー時には、トップスに同色のタイトめなトップスを合わせたりも。着回しができる点も◎。

かし最近は流行を少しだけ気にしつつ、基本的にはこだわらないというスタンス。それよりも意識しているのはシルエットです。身長も体形も一般的な日本人なので、スタイルで魅せるコーディネートは厳しく、全身のバランスがいい着こなしを試みています。全身鏡を見たり、街を歩きながらショーウインドーに映る姿を見て、縦長シルエットに見せることができていたら、その日のコーデは大成功。心地よく、ご機嫌に過ごせるというわけです。

　ハワイ滞在中、今日はどこで何をするのかをイメージして、その場に合った、かつ自分らしいコーディネートを一緒に考えてみませんか。せっかくのハワイ！日本にいるときと同じ格好はせず、TPOを考えながら自分が着たいと思う"チャレンジ服"でコーデするのもすてきだと思います。

DRESS-UP

☑ 長年の「ヴェルニカ」ファン♡ デザインと発色が好きで日本から持参

☑「シャネル」のチェーンウォレット。デニム生地の万能選手

TOWN

☑ ワンピに見えますが、実はセットアップで便利♡

☑ ヌードカラーのサンダルはオールマイティで旅に便利

サンデーブランチ＆ディナー用に いつも持参する大好き日本ブランド

ちょっとドレスアップしたいときに、登場回数が多いのが「ヴェルニカ」のワンピース。昼夜問わず使えるデザインと色合い、きちんと感があり着心地もいいという点が好きで、毎回ハワイに持参します。ほかにも、同じ理由で持参するのが「マリハ」のワンピース。着るだけで雰囲気が出る、コーデいらずのワンピは、大人リゾートに欠かせないアイテムです。さらにチェーンウォレットも必須。単色ワンピのアクセントになりますし、中にはスマホとミニサイズの鏡・リップを入れています。

着ると女子度が上がるコーデは 落ち着いたカラーで大人仕様に

トップス（ミューズ・バイ・リモ➡P.83）は肩を隠すようにも、デコルテを出すようにも着られますが、二の腕がきっちり隠れる点がうれしい優秀デザイン♡ ホワイト地にネイビーのデザインなので、トップスにジーンズ、スカートに濃いめのキャミと合わせたりして着回しを楽しんでいます。「アット・ドーン・オアフ」（➡P.80）で購入した「アポリス」のバッグは、PCも入るマチありで収納力抜群。大事なものはクラッチに入れてバッグinバッグで使います。サンダル（ターコイズ→P.81）はRisaモデルを。

ハワイで暮らすようにステイ

お部屋で過ごす時間も魅力的に ハワイで自分空間をつくる

時間と心にゆとりがもてるハワイでは、ステイ空間も大切な旅の一部。朝、目覚めるときれいなお花、ハワイ産のフルーツ、お気に入りのドリンクが——。そんな暮らすように楽しむハワイの魅力をご紹介します。

Stay in Hawaii

KITCHEN & LIVING

キッチン＆リビング

スーパーで買ったもので簡単朝食を。パパイヤをカットしてヨーグルトやグラノーラにのせたり、パンにビーガンバターを塗って食べたり。ちょっとした工夫で暮らしているような気分に。

02

01

04

03

02 冷蔵庫に必ず常備のヘルシードリンク カットフルーツやヨーグルトもマスト

よく飲むのはハワイ産のフルーツや野菜を使用したコールドプレスジュース。日本ではあまり見ないプルーン100%ストレートジュースも最近ヒットで、パイナップルジュースと割って飲むのが好き。

01 お部屋で体に優しい朝食タイムを実現 オーガニックやビーガンがお気に入り

一番のリピートは「アース・バランス」のビーガンバター。「ミヨコ」のビーガンチーズや、「アルエット・チーズ」の塗るチーズも冷蔵庫に常備しています。ハワイ産バターを買うことも。

04 食べ過ぎるハワイでの必需品 胃腸にいいフレッシュミント

ナチュラルスーパーやファーマーズマーケットで必ず買うのがハワイ産のミント。香りがよくとっても新鮮！ ハワイアンウオーターに入れたり、お湯を沸かしてミントティーにしたりと活躍度大。

03 ハワイで買ってすぐに食べるものは お気に入りをカウンターに並べて

パパイヤにアップルバナナ、グラノーラ、トレイルミックス、ハチミツがマストでほぼハワイ産。朝食や小腹がすいたときにすぐに取れるよう、目立つところに置いてパクッとしています。

Stay in Hawaii

BED ROOM & BATH ROOM

ベッドルーム & バスルーム

リラックスしたい空間には、お気に入りのアイテムや気持ちが落ち着くものを置いて心から安らげるようにしています。癒やしの島・ハワイで体を休め心身ともにデトックスしたら、明日も笑顔で過ごせるはず。

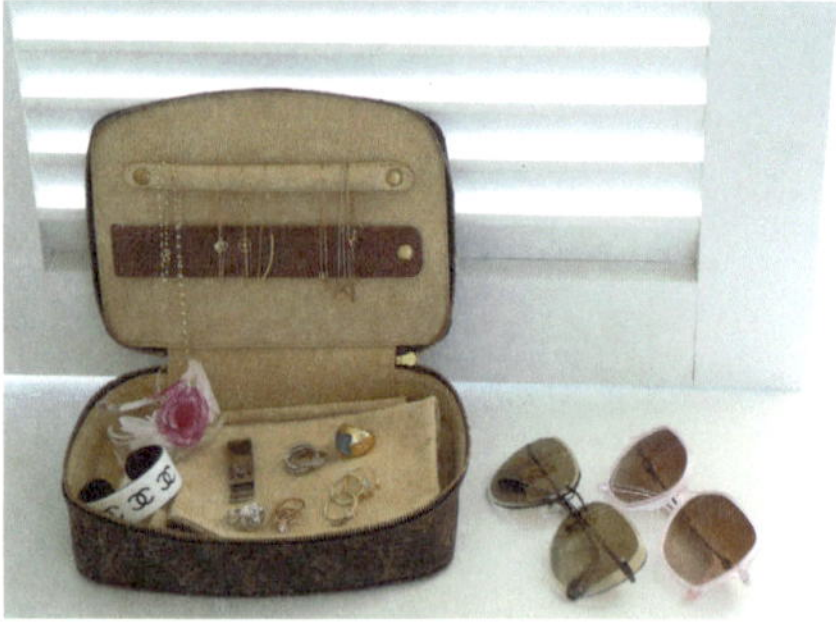

長年愛用のジュエリーケースはインテリアとしても活躍

アクセサリーは基本的には華奢なタイプが好き。洋服がシンプル&カジュアルなときは、大きめタイプのバングルやリングが登場することも。ハワイで華奢なアクセサリー探しをするのも、旅の楽しみのひとつになっています。

ベッドサイドは特に重視 快眠&保湿のためのアイテム

ベッドサイドのお約束アイテムは、アロマディフューザーや保湿用オイルにハンドクリーム、リップバームなど。ほかにも空間&ファブリック用消臭除菌スプレーやお花、ハワイで買った写真集を置くことも。

バカンス気分が上がる もこもこ泡のバスタイム

ハワイでのバスタイム、出番が多い入浴剤は液体のフォーミングバス。もこもこの泡に包まれながらゆったり読書タイムを楽しみます。炭酸水にベリーやミントを入れて、完全な自己満足タイムを。

体の日焼け止めをきれいに洗う 毎日使える優しいスクラブ

ヘアやボディ用アイテムはハワイで購入。「ダーマ イー　スカルプ・リリーフ」シャンプー＆コンディショナーは、暑いハワイにぴったりの爽快感で保湿力もあってお気に入り。

ていねいに落として優しく洗うが肝心 美容に一発逆転はなしと心得て

私自身がいつも頭においていること。「今日はきついな～」なんて思う日もありますが、そんなときはこの言葉を思い出し、今宵もせっせとスキンケア。美白と保湿、大事です。

濃密な泡ー♡

HAWAII TRAVEL Q&A

ハワイに行くと決まったら知っておきたい基本情報を、Q&A方式でお答えします！

Q. カードは使えるの？

A. 少額から使えます。身分証明にも

ほとんどの場所で使用可能。ホテルのチェックイン時に必要になったりするので、持参しておくと安心。お店でドルか円決済かを聞かれたらドル決済を選んで。円だとお店がレートを決めて割高になる可能性が。

Q. Wi-Fiは完備している？

A. ホテルやレストランなどで使えます

主要なホテルでは、公共エリアや客室内で、無料のWi-Fiを完備しています。そのほか大型ショッピングモールやカフェなども、無料のWi-Fiスポットがあるのでチェックして。

Q. 禁止事項ってあるの？

A. 飲酒は21歳から、公共エリアは禁煙など！

飲酒も喫煙も多くの公共の場ではNG。またハワイ州法によりどちらも法律で21歳からと定められています。コンビニなどでアルコール飲料やタバコを購入する場合は、パスポートや運転免許証などのID提示を求められます。

Q. ドレスコードってなに？

A. 基本はリゾートカジュアルで

ホテルのレストランなどでは「リゾートカジュアル」がお約束。女性ならワンピースやブラウスが1枚あると便利。Tシャツやビーチサンダルは控えてください。お店によってはウェブサイトに注意書きがあるので事前に確認を！

Q. 日本（東京）からホノルルまでは？

A. 飛行機で約7時間 時差は日本からー《マイナス》19時間

札幌、東京、名古屋、大阪、福岡から直行便が運航しています。フライト時間は東京（成田、羽田）からは約7時間。ホノルルからの帰国便は8～9時間程度です。

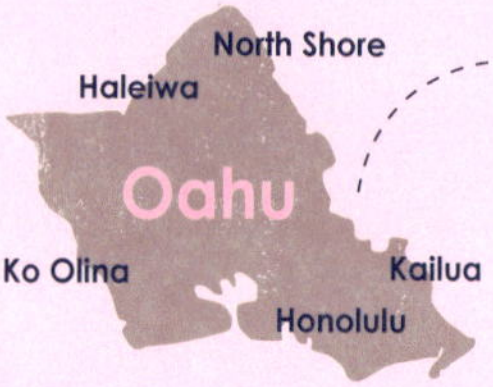

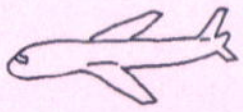

時差は19時間日本が進んでいます。日本時間に5時間を足して、マイナス1日をするとハワイの時間になります。

Q. ハワイの通貨って？

A. US$、$1＝109円 (2019年12月時点)

紙幣は$1、$5、$10、$20、$50、$100の6種類があります。硬貨は1¢（ペニー）、5¢（ニッケル）、10¢（ダイム）、25¢（クオーター）の4種類が流通しています。

Q. 入国にはビザが必要なの？

A. ESTAの申請を忘れずに！

90日以内の滞在ならビザは不要ですが、電子渡航認証システム（ESTA）が必要。公式サイトから申請をし、費用は$14。承認されたら2年間、あるいはパスポートの有効期限のいずれか早い日付まで有効となります。

Q. チップは必要？

A. はい、必要です！

ベッドメイクは$1～2を枕元に、レストランやスパでは15～20%程度が相場です。スムーズにチップを渡せるように$1札は多めに持っていたほうがいいでしょう。

Q. 日本とハワイの気候の違いは？

A. 日本より年間を通して温暖！ただし羽織りものは忘れずに

乾季（4～9月）には最高気温が30度を超えることがありますが蒸し暑くなく、雨季（10～3月）でも気温の変化が少なく過ごしやすい。ただし通年で冷房が効いているので上着は忘れずに！

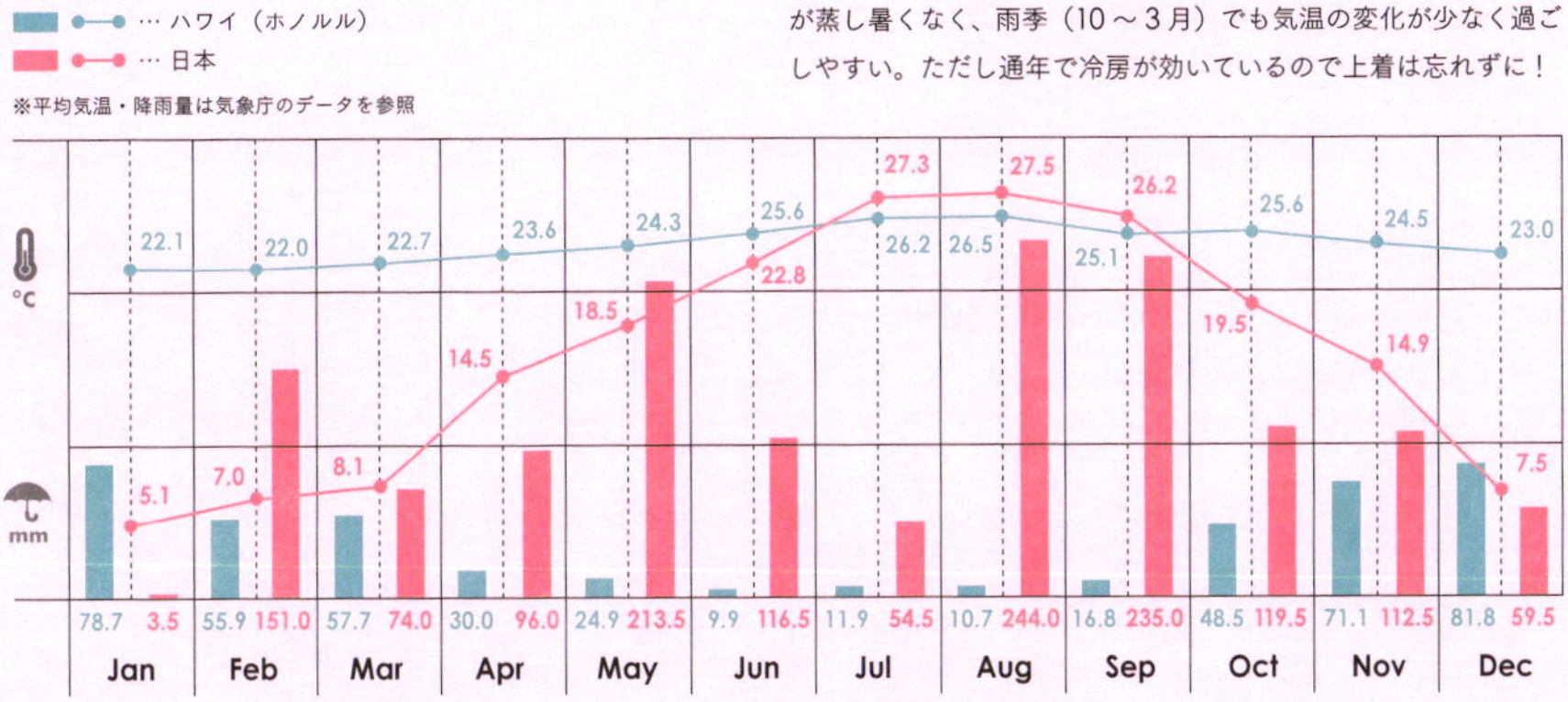

※平均気温・降雨量は気象庁のデータを参照

Q. あると助かる！交通系アプリは？

A1. Uber

チップの計算や言葉の心配がいらない配車アプリは、ハワイでとても便利。タクシーよりも安いこともあるので旅行前にダウンロードがおすすめ！

A2. DaBus2

オアフ島をくまなく走るザ・バスを乗りこなすなら必須のアプリ。バスルートやバスの到着予定時刻などが、リアルタイムにわかります。

A3. biki

話題の自転車シェアサービス。ホノルル市内を中心に、30分以内なら$4で約130ヵ所のストップの好きなところで乗り降りできます。

Q. 本気で使える！高頻度系アプリは？

A1. Google Map

旅行前にハワイのマップをダウンロードしておくと、現地ではオフラインで使えて助かります。本書の掲載店舗はP.7をチェック！

A2. Google翻訳

レストランで困ったとき、ショップの説明書きなどがわからないときに使えます。手書き文字や写真などからも翻訳が可能です。

A3. LINE

Wi-Fi環境やルーターを持参している場合なら、スマートフォンの無料アプリを使って。同行者との待ち合わせなどに大活躍間違いなしです。

Q. もっと便利に！使えるアプリは？

A1. yelp

レストランの下調べに使えるアプリ。お店の評価やクチコミ、地図や予算などがわかるのでガイドブックと合わせて使ってみてください。

A2. OpenTable

予約必須のレストランが多いハワイ。行きたいお店が決まったら、このアプリでチェックしてみて。日本語で予約ができて安心&便利。

A3. Tip-C

レストランやタクシーなどチップが必要な場面で、サクッとチップ計算ができるアプリ。割り勘やお釣り計算なども合わせてできるからうれしい。

HAWAII TRAVEL CALENDAR

ハワイで知りたい気になるイベントや楽しみ方、注意点を月別に伝授します！

JANUARY［1月］

HOLIDAY

1日：**ニューイヤーズ・デイ**

第3月曜：**マーチン・ルーサー・キング・ジュニア・デイ**

EVENT

中旬：**ソニー・オープン**

下旬：**チャイニーズ・ニューイヤー**

Risa's Comment

● 年明けとともにワイキキ・ビーチに盛大な花火が上がりすごくきれい！

● ホテルで門松を見ることも。上旬はクリスマスツリーがまだ飾られており、セットで見られるかも。

● 各ショッピングセンターで元日に「FUKUBUKURO」を販売。必見はアラモアナセンター！ 開店前から長蛇の列のお店も。

● やや肌寒いため夜間の羽織は必須。海にも入れるけれど、水温は低め。

FEBRUARY［2月］

HOLIDAY

第3月曜：**プレジデント・デイ**

EVENT

中旬：**グレート・アロハ・ラン**

Risa's Comment

● ホエールウオッチングのシーズンは12～4月。1～2月はハワイ周辺にクジラが最も集まる時期。

● カカアコのウオールアートは、この時期に世界中からアーティストが集い描き替えられる。

● バレンタイン用のお菓子やカードなどが豊富。アメリカンなお菓子もバレンタイン仕様に。スーパーで要チェック。

MARCH［3月］

HOLIDAY

26日：**プリンス・クヒオ・デイ**

イースター前の金曜：

グッド・フライデイ

※イースター（復活祭）は3月下旬から4月下旬

イースター

※イースター（復活祭）は3月下旬から4月下旬

EVENT

上旬：**ホノルル・フェスティバル**

Risa's Comment

● 日本人にはなじみのない「イースター」ですが、この時期はレストランなどが混み合うため早めの予約が賢明です。ホテルのレストランでは、イースターを記念したビュッフェを開催することもあるのでHPでチェックを。

APRIL［4月］

EVENT

上旬：

ホノルル・ハーフマラソン・ハパルア

4月下旬～5月上旬：

ワイキキ・スパムジャム

Risa's Comment

● GWの旅行シーズンに開催される人気のイベントが「ワイキキ・スパムジャム」。カラカウア通りが封鎖され食べ物などの屋台が出現！ ちょっぴりお祭り気分を味わえる。

● 旬のイチゴを楽しんで！お店によっては季節のメニューとして、イチゴを使ったドリンクやカクテル、デザートが登場。

MAY［5月］

HOLIDAY

最終月曜：**メモリアル・デイ**

EVENT

1日：**レイデイ・セレブレーション**

Risa's Comment

● さまざまな花がいっせいに咲き誇る“花シーズン”の到来。人気の花プルメリアは寒さに弱い花なので冬は少なく、この頃から最高潮に向かいます。なかでも「ココ・クレーター植物園」（➡P.103）で咲き誇るプルメリアは必見（7月初旬くらいまでが、満開の花を見られる時期）。

●「マザーズ・デイ（母の日）」限定のブランチビュッフェなどを開催するお店も多数なので、事前にチェックを。おすすめは「ザ・ベランダ」のブランチビュッフェ（➡P.48）。レア度が高い！

JUNE［6月］

HOLIDAY

11日：**キングカメハメハ・デイ**

EVENT

上旬：

キング・カメハメハ・セレブレーション

上～下旬：

キング・カメハメハ・フラ・コンペティション

Risa's Comment

● 雨季が完全に終わり、夜に羽織なしで歩けるのは大体この時期から。水温も高いので、マリンスポーツ好きにうれしいシーズン到来。

● 6月20日のクイニーアマンデイに「コナコーヒー・パーベイヤーズ」（➡P.38）で、限定フレーバーが登場！

JULY [7月]

HOLIDAY

4日：独立記念日

EVENT

4日：独立記念日セレブレーション
15日：ウクレレ・フェスティバル

Risa's Comment

● 独立記念日前から8月中旬まで続く夏のビッグセールは、要チェック！

● 冬は大波で入れないノースショアのビーチも、この時期なら波が穏やかなので楽しめる。

● 年中あるフルーツも甘くて食べ頃になるのが夏ハワイ。ライチ（5～9月）、6月中旬からはマンゴーも。スイカ（6～9月）は、7月が一番甘い。ワシントン産のレイニアチェリーをスーパーで見かけるのもこの時期。

AUGUST [8月]

HOLIDAY

第3金曜：州制記念日

EVENT

中旬：
メイド・イン・ハワイ・フェスティバル

Risa's Comment

● 7月以降の夏ハワイは、旅行者がイメージする"これぞハワイ♡"という景色が楽しめる時期。日差しがとにかく強いため、サングラスは必須。

● 「メイド・イン・ハワイ・フェスティバル」は、ハワイ全島より400くらいの店舗が出店する、ローカルが楽しみにしているイベント。新しいプロダクトに出会えたり、普段オアフ島では販売していない美味しいものに出会えたりと、おみやげ探しにもgood！

SEPTEMBER [9月]

HOLIDAY

第1月曜：レイバー・デイ

EVENT

上～下旬：ハワイ・フード&ワイン・フェスティバル
※10月になることもある
上～下旬：アロハ・フェスティバル

Risa's Comment

●そろそろ暑さも落ち着き、少しずつ夜の肌寒さは戻ってくるが、「この時期の日中が一番暑い」というローカルの声も。水温は9～10月が最も高いので、ビーチライフもまだまだ楽しめる。

OCTOBER [10月]

EVENT

31日：ハロウィーン

Risa's Comment

● 10月の初旬からハロウィーン用のコスチュームやジャックオーランタン用の大きなかぼちゃなどが店頭に。ハロウィーン仕様のお菓子や、かぼちゃなどの食材を使ったスイーツも登場。見ているだけでわくわく！当日はワイキキのカラカウア通り付近に仮装した人たちが集まり、夜間までにぎわう。

NOVEMBER [11月]

HOLIDAY

第1月曜の次の火曜：
選挙の日（偶数年のみ）
11日：ベテランズ・デイ
第4木曜：サンクスギビング・デイ

EVENT

11～12月：
トリプル・クラウン・オブ・サーフィン

Risa's Comment

● サンクスギビングの翌日金曜日「ブラックフライデイ」は、各店舗で大セールが行われるショッピングデイ！混雑するので、行きたいお店に狙いを定めていくのがベスト。

● 世界最大のサーフィン大会「トリプル・クラウン・オブ・サーフィン」は、世界中からプロサーファーが集い、そのパフォーマンスは迫力満点。一見の価値あり！

DECEMBER [12月]

HOLIDAY

25日：クリスマス

EVENT

第2日曜：JALホノルルマラソン
上旬～：ホノルルシティライツ

Risa's Comment

● 特に割引率が大きいのが冬のビッグセール。11月第4木曜のサンクスギビング・デイ翌日から1月初旬くらいまでのホリデイシーズンに開催！ 1年で最も安くなる時期。

● 街のあちこちでクリスマスイルミネーションが点灯され、キラキラハワイに。各ホテルの工夫を凝らした飾り付けは必見。クリスマス当日は、お休みのお店も。レストランは特別メニューのみで混み合うことが多いので、事前の予約が安心。

洗練されたおもてなしを感じて……

Fly to HAWAII

日本の翼、JALのおもてなしは目配り・気配り・心配り

ハワイへの旅にJALを選んだ私。日本語が使えて安心なのはもちろんですが、強く感じるのは〝おもてなし力〟。旅行者がどうしたら喜ぶか、満足するのかを真剣に考え、裏表なく笑顔で対応してくれます。サービスをしている！という主張はまったくなく、さりげない気遣いはさすがのひと言。今回も、にくいな〜♡と笑顔になる瞬間が何度もありました。こうした小さな気遣いの積み重ねが、機内での心地よさにつながっていると感じています。ではさっそく私のビジネスクラス搭乗体験をレポートします！

column

ファーストクラスラウンジ JAL's SALON

成田空港本館3階のファーストクラスラウンジがリニューアル。英国靴ジョンロブとのコラボサービスなど、豪華で重厚なサービスと施設に羨望の眼差し。

JAL's TABLE

職人の技を目の前で見られる握り寿司など、フード、ドリンクのラインアップはさすがのセレクト

こちらは本館3階の入口。ラウンジに入り、らせん階段を上がるとザ・ダイニングへ。ゆったり広々としたスペースが

おもてなし力はフードにも
居心地も抜群の上質な空間

LOUNGE

成田空港国際線JALサクララウンジは、仮眠スペースなど多機能な施設が魅力。大きな窓から間近に見える航空機に旅気分はMAX。

ラウンジ内はアースカラーを基調としたあたたかみのある空間。搭乗時間まで思いおもいに過ごせます

JALといえば、特製オリジナルビーフカレー！ 無敵です♡

旅のワクワク感は機内でも
安心と笑顔を運ぶ JAL の翼

in FLIGHT

サービスの善し悪しで、旅の思い出は大きく変わるもの。だからこそ旅のスタートを飾る機内でのひとときは、旅行者にとって重要。JAL なら安心です。

お食事は希望される
タイミングでどうぞ！

HOSPITALITY

GOURMET

ハワイ線ビジネスクラス機内食は、好きなタイミングでいただける新サービス「JAL Luana Style」。今回は、ヘルシーな和食をチョイス。

エコノミークラスはハワイ線だけのオリジナルメニュー。ミシュラン2つ星レフェルヴェソンス生江シェフが監修！

HOSPITALITY

SEAT

ビジネスクラスのアメニティは、和柄の巾着ポーチに歯磨きセット、モイスチャーマスク、耳栓、アイマスクをイン。スリッパに履き替えて、まずは機内食メニューをチェック。

話題の映画も
ご覧いただけます

ハワイへの往路は、フルフラットシートの「JAL SKY SUITE 787」。寝心地にこだわって開発されただけあり、ハワイへのロングフライトでも腰が痛くならない快適さ。離陸後は、お隣の席との間を開閉可能なプライバシーパーティションで仕切ることも可能。ファーストクラスのような個室感が広がります。

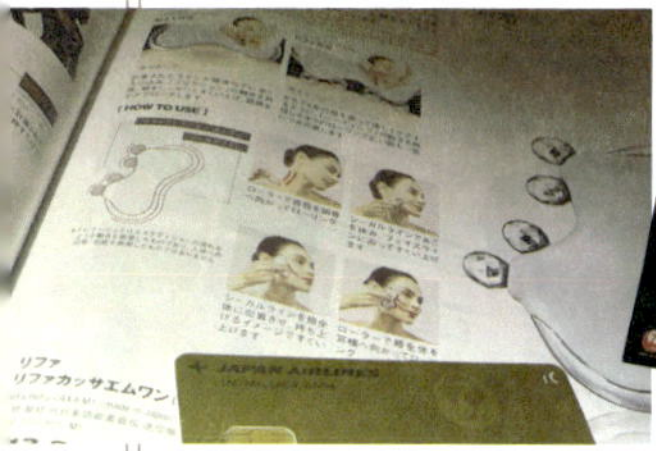

HOSPITALITY

SHOPPING

国内線でも JAL を利用することが多く、機内での楽しみが機内販売。セレクトのセンスがいい点が好きです。国際線になると、商品のラインアップがさらに充実するからうれしい。いつも自分用におみやげを購入。JAL カードの利用で 10% オフになりました♡

● 航空券のお問い合わせは日本航空まで

URL www.jal.co.jp

column

ダニエル・K・イノウエ国際空港内に サクララウンジがもうひとつ誕生！

2018 年にオープンしたサクララウンジ・ハレ。ゲートによって近いほうを利用できるので利便性がアップしました！ どちらのラウンジにもカレーがあり、ハワイならではのスイーツも楽しめます。

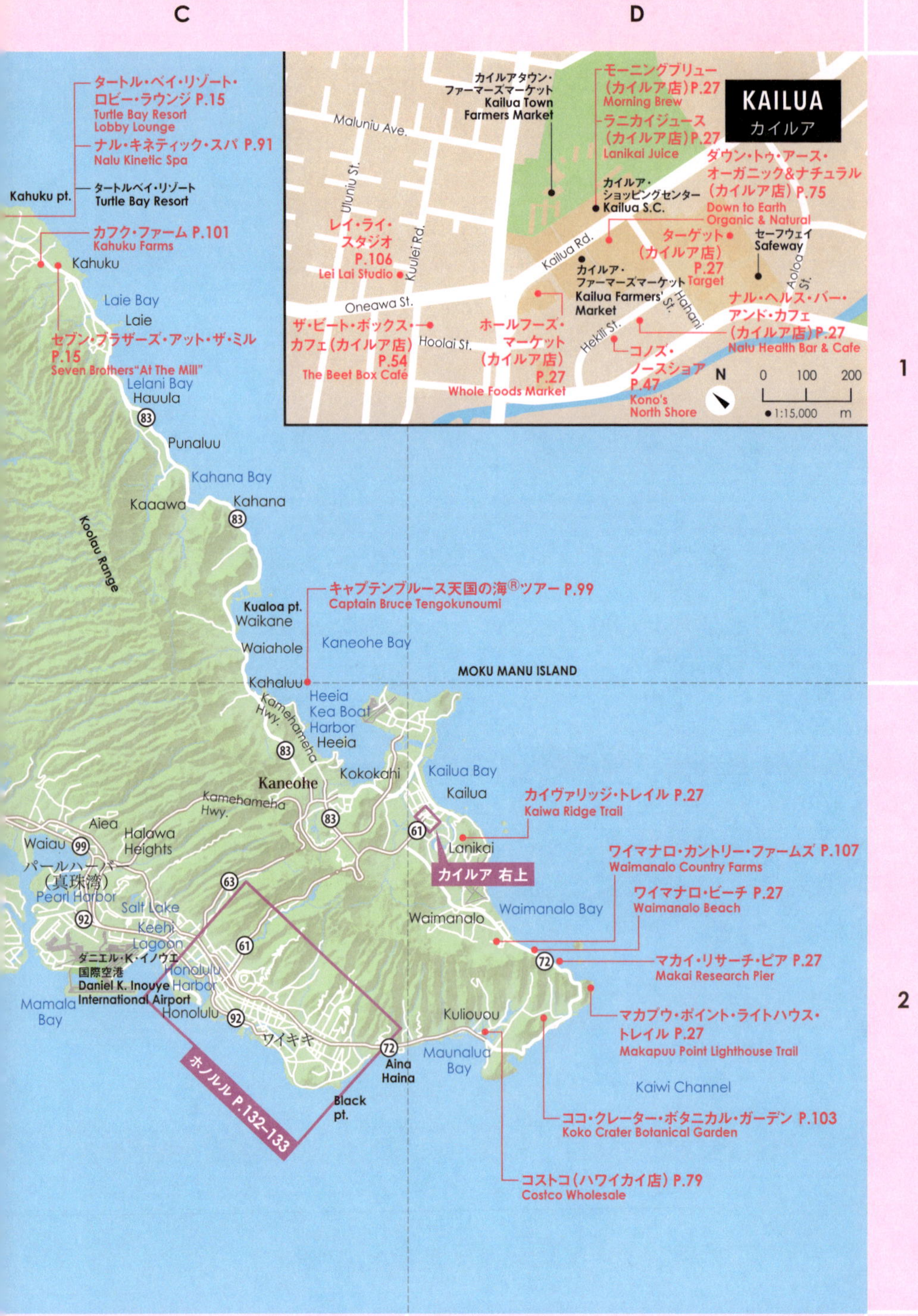
C
D
1
2
KAILUA
カイルア
カイルアタウン・ファーマーズマーケット
Kailua Town Farmers Market
Maluniu Ave.
Uluniu St.
Kuulei Rd.
モーニングブリュー（カイルア店）P.27
Morning Brew
ラニカイジュース（カイルア店）P.27
Lanikai Juice
カイルア・ショッピングセンター
Kailua S.C.
ダウン・トゥ・アース・オーガニック＆ナチュラル（カイルア店）P.75
Down to Earth Organic & Natural
ターゲット（カイルア店）P.27
Target
セーフウェイ
Safeway
Aoloa St.
レイ・ライ・スタジオ P.106
Lei Lai Studio
Kailua Rd.
カイルア・ファーマーズマーケット
Kailua Farmers' Market
Hahani St.
Oneawa St.
ザ・ビート・ボックス・カフェ（カイルア店）P.54
The Beet Box Café
Hoolai St.
ホールフーズ・マーケット（カイルア店）P.27
Whole Foods Market
Hekili St.
コノズ・ノースショア P.47
Kono's North Shore
ナル・ヘルス・バー・アンド・カフェ（カイルア店）P.27
Nalu Health Bar & Cafe
N
0 100 200
1:15,000 m
タートル・ベイ・リゾート・ロビー・ラウンジ P.15
Turtle Bay Resort Lobby Lounge
ナル・キネティック・スパ P.91
Nalu Kinetic Spa
タートルベイ・リゾート
Turtle Bay Resort
Kahuku pt.
カフク・ファーム P.101
Kahuku Farms
Kahuku
Laie Bay
Laie
セブン・ブラザーズ・アット・ザ・ミル P.15
Seven Brothers"At The Mill"
Lelani Bay
Hauula
83
Punaluu
Kahana Bay
Kaaawa
Kahana
Koolau Range
キャプテンブルース天国の海®ツアー P.99
Captain Bruce Tengokunoumi
Kualoa pt.
Waikane
Waiahole
Kaneohe Bay
MOKU MANU ISLAND
Kahaluu
Kamehameha Hwy.
Heeia Kea Boat Harbor
Heeia
Kokokahi
Kaneohe
Kailua Bay
Kailua
カイヴァリッジ・トレイル P.27
Kaiwa Ridge Trail
61
Lanikai
カイルア 右上
Aiea
Halawa Heights
Waiau
99
パールハーバー（真珠湾）
Pearl Harbor
Salt Lake
92
63
Keehi Lagoon
ダニエル・K・イノウエ国際空港
Daniel K. Inouye International Airport
Honolulu Harbor
Mamala Bay
Honolulu
ワイキキ
ホノルル P.132–133
ワイマナロ・カントリー・ファームズ P.107
Waimanalo Country Farms
ワイマナロ・ビーチ P.27
Waimanalo Beach
Waimanalo Bay
Waimanalo
72
マカイ・リサーチ・ピア P.27
Makai Research Pier
マカプウ・ポイント・ライトハウス・トレイル P.27
Makapuu Point Lighthouse Trail
Kuliouou
Maunalua Bay
Aina Haina
Black pt.
Kaiwi Channel
ココ・クレーター・ボタニカル・ガーデン P.103
Koko Crater Botanical Garden
コストコ（ハワイカイ店）P.79
Costco Wholesale

A
B
OAHU
オアフ島全図
N
0 2.5 5.0
1:400,000 km
テッズ・ベーカリー P.57
Ted's Bakery
Waimea Bay
ババイロアビーチ P.15
Papailoa Beach
83
Kawailoa
Waialua Bay
Kaiaka Bay
Haleiwa
Kauai Channel
Kaena Pt.
Mokuleia
930
Waialua
ハレイワ 左下
99
930
Makua
93
Waianae Range
Makaha
Farrington Highway
Waianae Boat Harbor
Pokai Bay
Waianae
750
Maili
93
Lualualei
Nanakuli
Farrington Highway
アウラニ・ディズニー・リゾート&
スパ・コオリナ・ハワイ
Aulani, A Disney Resort &
Spa in Ko Olina, Hawai'i
901
95
ラニヴァイ・ディズニー・スパ
P.93
Laniwai-A Disney Spa
Barbers Pt.
HALEIWA
ハレイワ
ハレイワストアロット
Haleiwa Store Lots
カメハメハ・ハイウェイ
Vブティック
P.15
V Boutique
ハレイワタウンセンター
Haleiwa Town Center
パタゴニア（ハレイワ店）
P.70
Patagonia Haleiwa
ルルズ・レイ・アンド・
P.106 ブーケ
Lulu's Lei and Bouquets
ソーハ・リビング
（ハレイワ店）
P.15
SoHa Living
ノースショア・マーケットプレイス
North Shore Market Place
Cane Haul Rd.
コーヒー・ギャラリー・
P.15 ハワイ
Coffee Gallery
Hawaii
Kamehameha Hwy.
Joseph P. Leong Hwy.
カイマナ・
シェイブアイス
P.56
Kaimana Shave
Ice
ボデガ・ハワイ
P.57
Bodega Hawaii
N
0 100 200
1:11,500 m

C
D
1
2
ウッドローン
Wood Lawn
モーニング・グラス・コーヒー+カフェ P.59
Morning Glass Coffee + Cafe
セントルイス・ハイツ
St-Louis Heights
Palolo Ave.
ハワイ大学
University of Hawaii
リゴ スパニッシュ イタリアン P.35
Rigo SPANISH ITALIAN
モイリイリ
Moiliili
S. King St
サウスショア・ペーパリー P.70
South Shore Paperie
セーフウェイ（カパフル店）P.79
Safeway
Kapiolani Blvd.
Date St.
マッカリー
Mccully
カパフル
Kapahulu
Ala Wai Canal
Ala Wai Blvd.
フォート・デルッシ公園
Fort DeRussy
Kalakaua Ave.
Waikiki
ワイキキ中心部 P.134-135
Kalakaua Ave.
TBD...P.31
TBD...
ハウ・ツリー・ラナイ P.52
Hau Tree Lanai
カピオラニ公園
Kapiolani Park
モンサラット P.139
Monsarrat Ave.
6th Ave.
Waialae Ave.
Lunalilo Fwy.
カイムキ P.139
カイムキ
Kaimuki
Kilauea Ave.
Alohea Ave.
KCCファーマーズマーケット
KCC Farmers' Market
Diamond Head Rd.
ダイヤモンドヘッド
Diamond Head
LEAHI
232m
Diamond Head Rd.
ワイアラエ
Waialae
Hunakai St.
Kil Auea Ave.
カハラ
Kahala
Kahala Ave.
Elepaio St.
カハラモール
Kahala Mall
ザ・カハラ・ホテル&リゾート
The Kahala Hotel&Resort
プルメリア・ビーチハウス P.47
Plumeria Beach House
ザ・カハラ・スパ P.92
The Kahala Spa
シグネチャー・アット・ザ・カハラ P.68
Signature at the Kahala
ママラ湾
Mamala Bay

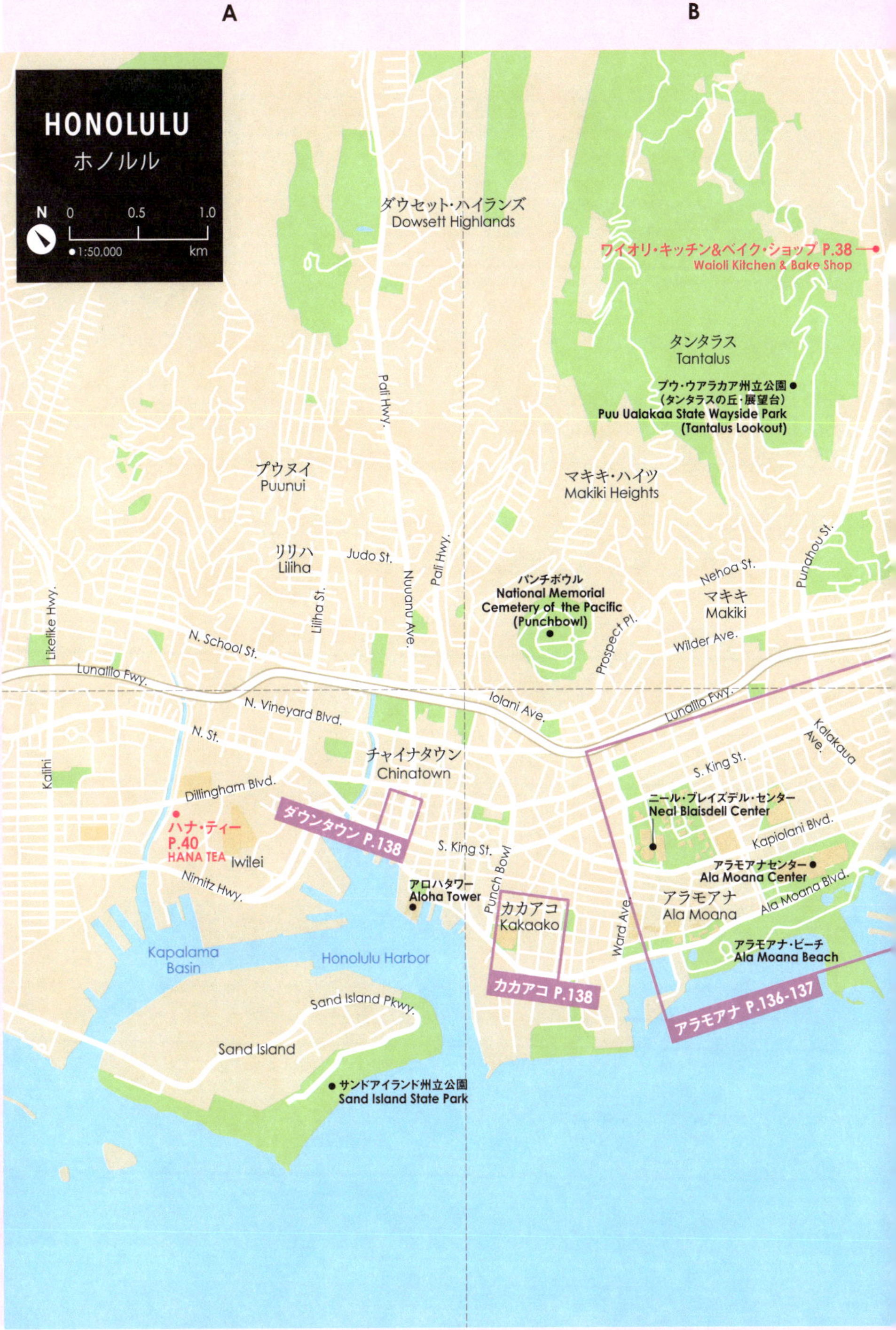
A
B
HONOLULU
ホノルル
N
0
0.5
1.0
1:50,000
km
ダウセット・ハイランズ
Dowsett Highlands
ワイオリ・キッチン&ベイク・ショップ P.38
Waioli Kitchen & Bake Shop
タンタラス
Tantalus
プウ・ウアラカア州立公園
（タンタラスの丘・展望台）
Puu Ualakaa State Wayside Park
(Tantalus Lookout)
Pali Hwy.
プウヌイ
Puunui
マキキ・ハイツ
Makiki Heights
リリハ
Liliha
Judo St.
Nuuanu Ave.
Pali Hwy.
Liliha St.
Likelike Hwy.
N. School St.
Lunalilo Fwy.
パンチボウル
National Memorial
Cemetery of the Pacific
(Punchbowl)
Prospect Pl.
Nehoa St.
Punahou St.
マキキ
Makiki
Wilder Ave.
N. Vineyard Blvd.
Iolani Ave.
Lunalilo Fwy.
N. St.
Kalihi
チャイナタウン
Chinatown
S. King St.
Kalakaua Ave.
Dillingham Blvd.
ダウンタウン P.138
ニール・ブレイズデル・センター
Neal Blaisdell Center
Kapiolani Blvd.
ハナ・ティー
P.40
HANA TEA
Iwilei
S. King St.
Punch Bowl
アラモアナセンター
Ala Moana Center
Nimitz Hwy.
アロハタワー
Aloha Tower
カカアコ
Kakaako
アラモアナ
Ala Moana
Ala Moana Blvd.
Ward Ave.
Kapalama
Basin
Honolulu Harbor
アラモアナ・ビーチ
Ala Moana Beach
カカアコ P.138
アラモアナ P.136-137
Sand Island Pkwy.
Sand Island
サンドアイランド州立公園
Sand Island State Park

C
D
1
2
WAIKIKI
ワイキキ中心部
N
0 50 100
1:7,000 m
アラワイ運河
Ala Wai Canal
アラワイ通り
Ala Wai Blvd.
Mountain View Dr.
Tusitala St.
Kaiulani Ave.
Cleghorn St.
Ohua Ave.
Paookalani Ave.
Wainani Way
Ainakea Way
ジェファーソン小学校
Pualani Way
アストン・アット・
ザ・ワイキキ・
バニアン
アストン・ワイキキ・サンセット
ヒルトン・
ワイキキ・ビーチ
クヒオ通り
Kuhio Ave.
Kaneloa St.
Kapahulu Ave.
Liliuoalani Ave.
Uluniu Ave.
Plince Edward St.
アロヒラニ・リゾート・
ワイキキ・ビーチ
Kealohilani Ave.
Koa Ave.
ワイキキ・ビーチ・マリオット・
リゾート&スパ
Cartwright Rd.
ハイアット リージェンシー
ワイキキ ビーチ リゾート アンド スパ
クイーンカピオラニホテル
Queen Kapiolani Hotel
Lemon Rd.
カパフル通り
モアナ サーフライダー ウェスティン リゾート&スパ
Moana Surfrider, A Westin Resort & Spa
ザ・ベランダ P.48
The Veranda
カラカウア通り
Kalakaua Ave.
アストン・ワイキキ・
ビーチ・ホテル
ノッツ・コーヒー・
ロースターズ P.40
Knots Coffee Roasters
ワイキキ・ビーチ
Waikiki Beach
ママラ湾
Mamala Bay

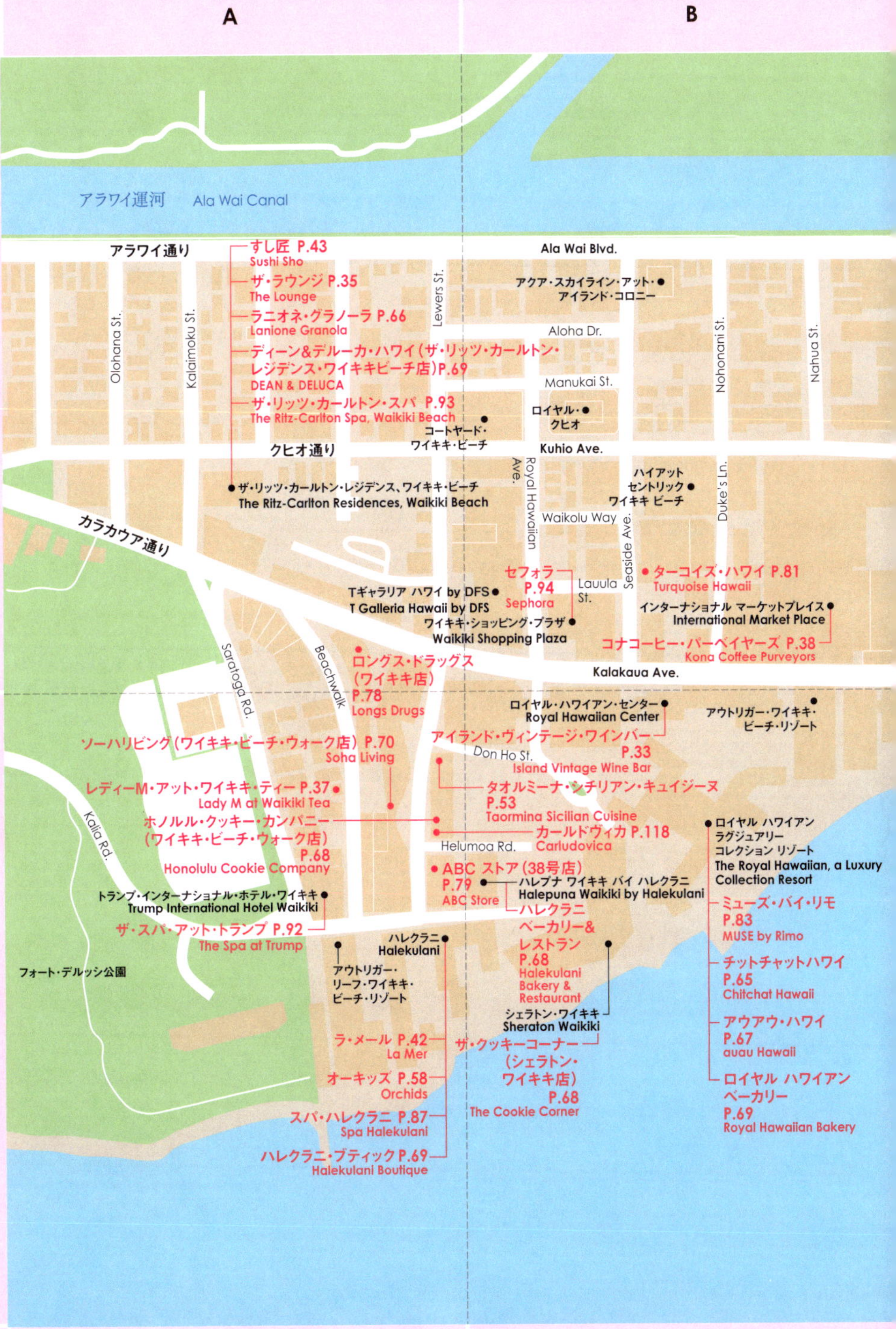
A
B
アラワイ運河 Ala Wai Canal
アラワイ通り
Ala Wai Blvd.
すし匠 P.43
Sushi Sho
ザ・ラウンジ P.35
The Lounge
ラニオネ・グラノーラ P.66
Lanione Granola
ディーン&デルーカ・ハワイ（ザ・リッツ・カールトン・レジデンス・ワイキキビーチ店）P.69
DEAN & DELUCA
ザ・リッツ・カールトン・スパ P.93
The Ritz-Carlton Spa, Waikiki Beach
Olohana St.
Kalaimoku St.
Lewers St.
アクア・スカイライン・アット・アイランド・コロニー
Aloha Dr.
Manukai St.
Nohonani St.
Nahua St.
ロイヤル・クヒオ
コートヤード・ワイキキ・ビーチ
クヒオ通り
Kuhio Ave.
ザ・リッツ・カールトン・レジデンス、ワイキキ・ビーチ
The Ritz-Carlton Residences, Waikiki Beach
Royal Hawaiian Ave.
ハイアット セントリック ワイキキ ビーチ
Duke's Ln.
Waikolu Way
Seaside Ave.
カラカウア通り
セフォラ P.94
Sephora
Lauula St.
ターコイズ・ハワイ P.81
Turquoise Hawaii
Tギャラリア ハワイ by DFS
T Galleria Hawaii by DFS
ワイキキ・ショッピング・プラザ
Waikiki Shopping Plaza
インターナショナル マーケットプレイス
International Market Place
コナコーヒー・パーベイヤーズ P.38
Kona Coffee Purveyors
Saratoga Rd.
Beachwalk
ロングス・ドラッグス（ワイキキ店）P.78
Longs Drugs
Kalakaua Ave.
ロイヤル・ハワイアン・センター
Royal Hawaiian Center
アウトリガー・ワイキキ・ビーチ・リゾート
アイランド・ヴィンテージ・ワインバー P.33
Island Vintage Wine Bar
Don Ho St.
ソーハリビング（ワイキキ・ビーチ・ウォーク店）P.70
Soha Living
レディーM・アット・ワイキキ・ティー P.37
Lady M at Waikiki Tea
タオルミーナ・シチリアン・キュイジーヌ P.53
Taormina Sicilian Cuisine
ホノルル・クッキー・カンパニー（ワイキキ・ビーチ・ウォーク店）P.68
Honolulu Cookie Company
カールドヴィカ P.118
Carludovica
Helumoa Rd.
Kalia Rd.
ロイヤル ハワイアン ラグジュアリー コレクション リゾート
The Royal Hawaiian, a Luxury Collection Resort
ABC ストア（38号店）P.79
ABC Store
ハレプナ ワイキキ バイ ハレクラニ
Halepuna Waikiki by Halekulani
トランプ・インターナショナル・ホテル・ワイキキ
Trump International Hotel Waikiki
ハレクラニ ベーカリー&レストラン P.68
Halekulani Bakery & Restaurant
ミューズ・バイ・リモ P.83
MUSE by Rimo
ザ・スパ・アット・トランプ P.92
The Spa at Trump
ハレクラニ
Halekulani
フォート・デルッシ公園
アウトリガー・リーフ・ワイキキ・ビーチ・リゾート
チットチャットハワイ P.65
Chitchat Hawaii
シェラトン・ワイキキ
Sheraton Waikiki
アウアウ・ハワイ P.67
auau Hawaii
ラ・メール P.42
La Mer
ザ・クッキーコーナー（シェラトン・ワイキキ店）P.68
The Cookie Corner
オーキッズ P.58
Orchids
ロイヤル ハワイアン ベーカリー P.69
Royal Hawaiian Bakery
スパ・ハレクラニ P.87
Spa Halekulani
ハレクラニ・ブティック P.69
Halekulani Boutique

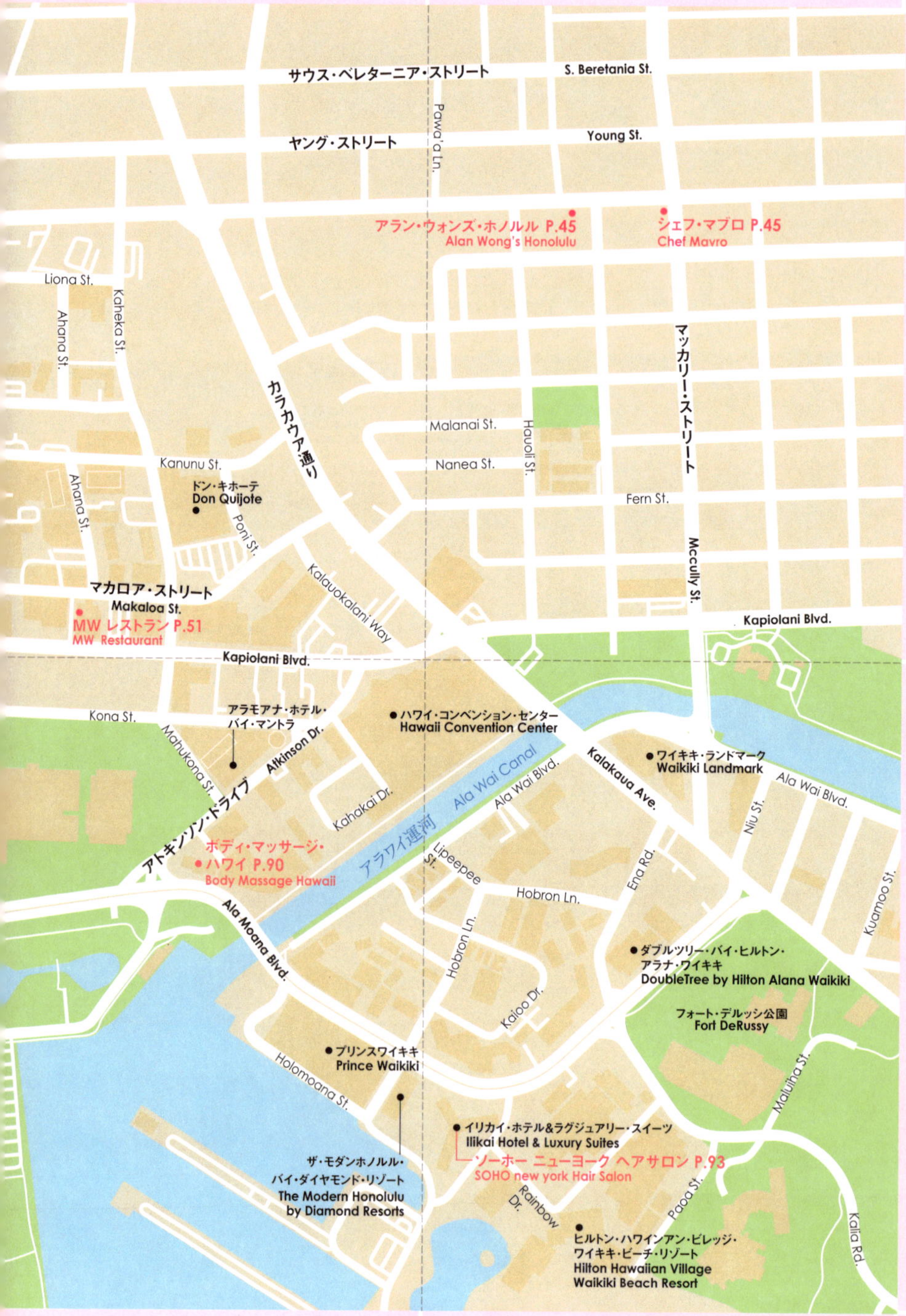
C
D
1
2
サウス・ベレターニア・ストリート
S. Beretania St.
ヤング・ストリート
Young St.
Pawa'a Ln.
アラン・ウォンズ・ホノルル P.45
Alan Wong's Honolulu
シェフ・マブロ P.45
Chef Mavro
Liona St.
Kaheka St.
Ahana St.
マッカリー・ストリート
カラカウア通り
Malanai St.
Hauoli St.
Nanea St.
Kanunu St.
ドン・キホーテ
Don Quijote
Fern St.
Poni St.
Mccully St.
Kalauokalani Way
マカロア・ストリート
Makaloa St.
MW レストラン P.51
MW Restaurant
Kapiolani Blvd.
Kapiolani Blvd.
Kona St.
アラモアナ・ホテル・
バイ・マントラ
ハワイ・コンベンション・センター
Hawaii Convention Center
Mahukona St.
Atkinson Dr.
Ala Wai Canal
ワイキキ・ランドマーク
Waikiki Landmark
Kalakaua Ave.
Ala Wai Blvd.
Ala Wai Blvd.
アトキンソン・ドライブ
Kahakai Dr.
アラワイ運河
Niu St.
ボディ・マッサージ・
ハワイ P.90
Body Massage Hawaii
Lipeepee St.
Ena Rd.
Hobron Ln.
Kuamoo St.
Ala Moana Blvd.
Hobron Ln.
ダブルツリー・バイ・ヒルトン・
アラナ・ワイキキ
DoubleTree by Hilton Alana Waikiki
Kaioo Dr.
フォート・デルッシ公園
Fort DeRussy
プリンスワイキキ
Prince Waikiki
Holomoana St.
Maluhia St.
イリカイ・ホテル&ラグジュアリー・スイーツ
Ilikai Hotel & Luxury Suites
ソーホー ニューヨーク ヘアサロン P.93
SOHO new york Hair Salon
ザ・モダンホノルル・
バイ・ダイヤモンド・リゾート
The Modern Honolulu
by Diamond Resorts
Rainbow Dr.
Paoa St.
Kalia Rd.
ヒルトン・ハワインアン・ビレッジ・
ワイキキ・ビーチ・リゾート
Hilton Hawaiian Village
Waikiki Beach Resort

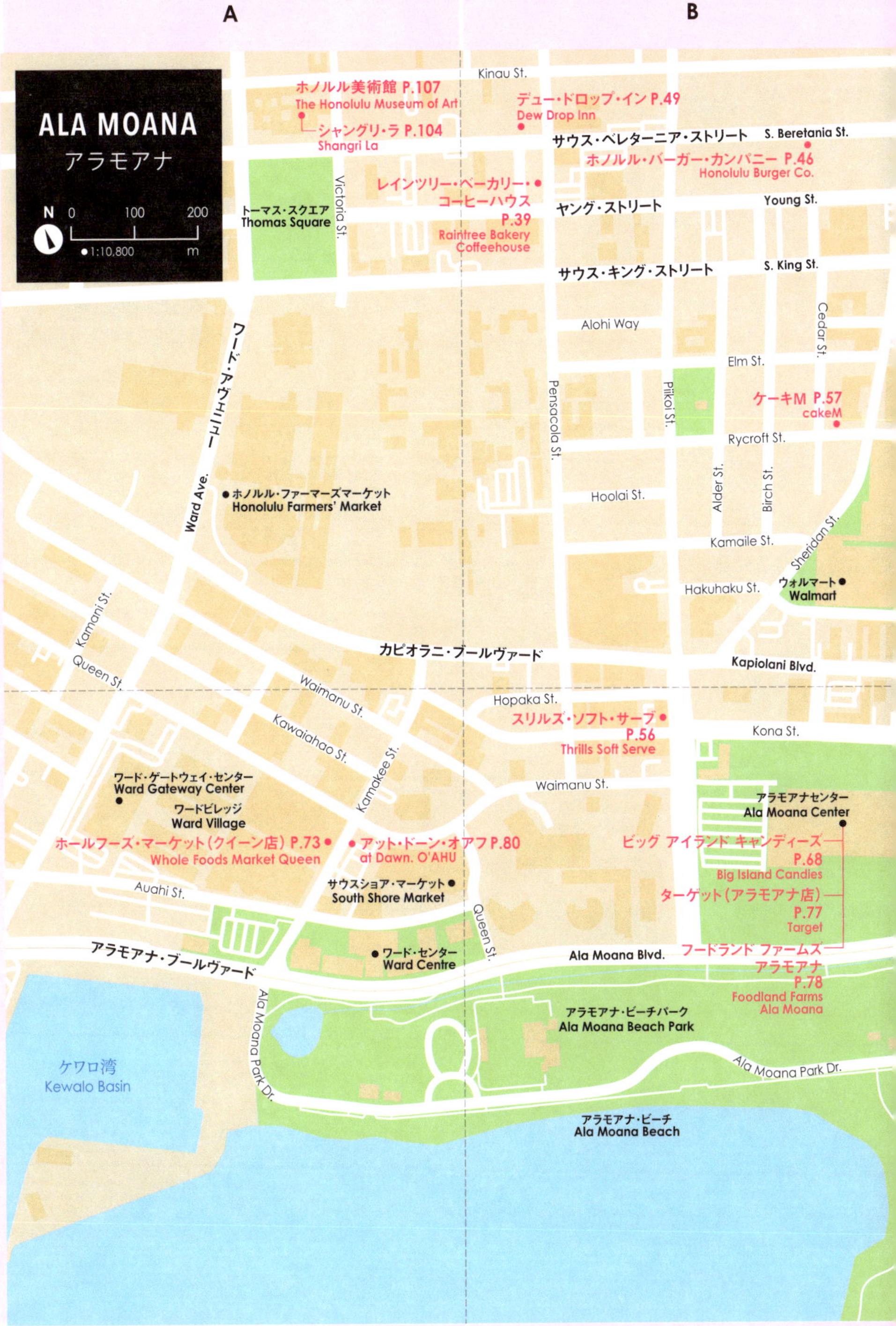
A
B
ALA MOANA
アラモアナ
N
0
100
200
1:10,800
m
Kinau St.
ホノルル美術館 P.107
The Honolulu Museum of Art
シャングリ・ラ P.104
Shangri La
デュー・ドロップ・イン P.49
Dew Drop Inn
サウス・ベレターニア・ストリート
S. Beretania St.
ホノルル・バーガー・カンパニー P.46
Honolulu Burger Co.
レインツリー・ベーカリー・コーヒーハウス P.39
Raintree Bakery Coffeehouse
トーマス・スクエア
Thomas Square
Victoria St.
ヤング・ストリート
Young St.
サウス・キング・ストリート
S. King St.
ワード・アヴェニュー
Ward Ave.
Alohi Way
Cedar St.
Elm St.
Pensacola St.
Piikoi St.
ケーキM P.57
cakeM
Rycroft St.
Alder St.
Birch St.
ホノルル・ファーマーズマーケット
Honolulu Farmers' Market
Hoolai St.
Kamaile St.
Sheridan St.
Hakuhaku St.
ウォルマート
Walmart
Kamani St.
カピオラニ・ブールヴァード
Kapiolani Blvd.
Queen St.
Waimanu St.
Hopaka St.
スリルズ・ソフト・サーブ P.56
Thrills Soft Serve
Kona St.
Kawaiahao St.
Kamakee St.
Waimanu St.
ワード・ゲートウェイ・センター
Ward Gateway Center
ワードビレッジ
Ward Village
アラモアナセンター
Ala Moana Center
ホールフーズ・マーケット（クイーン店）P.73
Whole Foods Market Queen
アット・ドーン・オアフ P.80
at Dawn. O'AHU
ビッグ アイランド キャンディーズ P.68
Big Island Candies
サウスショア・マーケット
South Shore Market
Auahi St.
ターゲット（アラモアナ店）P.77
Target
Queen St.
アラモアナ・ブールヴァード
ワード・センター
Ward Centre
Ala Moana Blvd.
フードランド ファームズ アラモアナ P.78
Foodland Farms Ala Moana
Ala Moana Park Dr.
アラモアナ・ビーチパーク
Ala Moana Beach Park
ケワロ湾
Kewalo Basin
Ala Moana Park Dr.
アラモアナ・ビーチ
Ala Moana Beach

KAKAAKO
カカアコ
N
0
50
100
1:6,000
m
Halekauwila St.
アップ・ロール・カフェ・ホノルル P.39
Up Roll Café
Reed Ln.
Keawe St.
ハイクラフト・キッチン P.47
HICRAFT KITCHEN
カカアコエリアにウオールアートが点在する
ポフカイナ・ストリート
Pohukaina St.
One Love Ministries
Coral St.
ヴィーノ P.52
VINO
アール・カカアコ P.46
E.A.R.L Kakaako
アラモアナ・ブールヴァード
Ala Moana Blvd.
Auahi St.
ソルトアットアワーカカアコ
Salt at Our Kakaako
ブルー・ツリー・カフェ（カカアコ店）P.40
Blue Tree Cafe
アーヴォ P.32
Arvo
フィッシュ・ホノルル P.50
Fish Honolulu

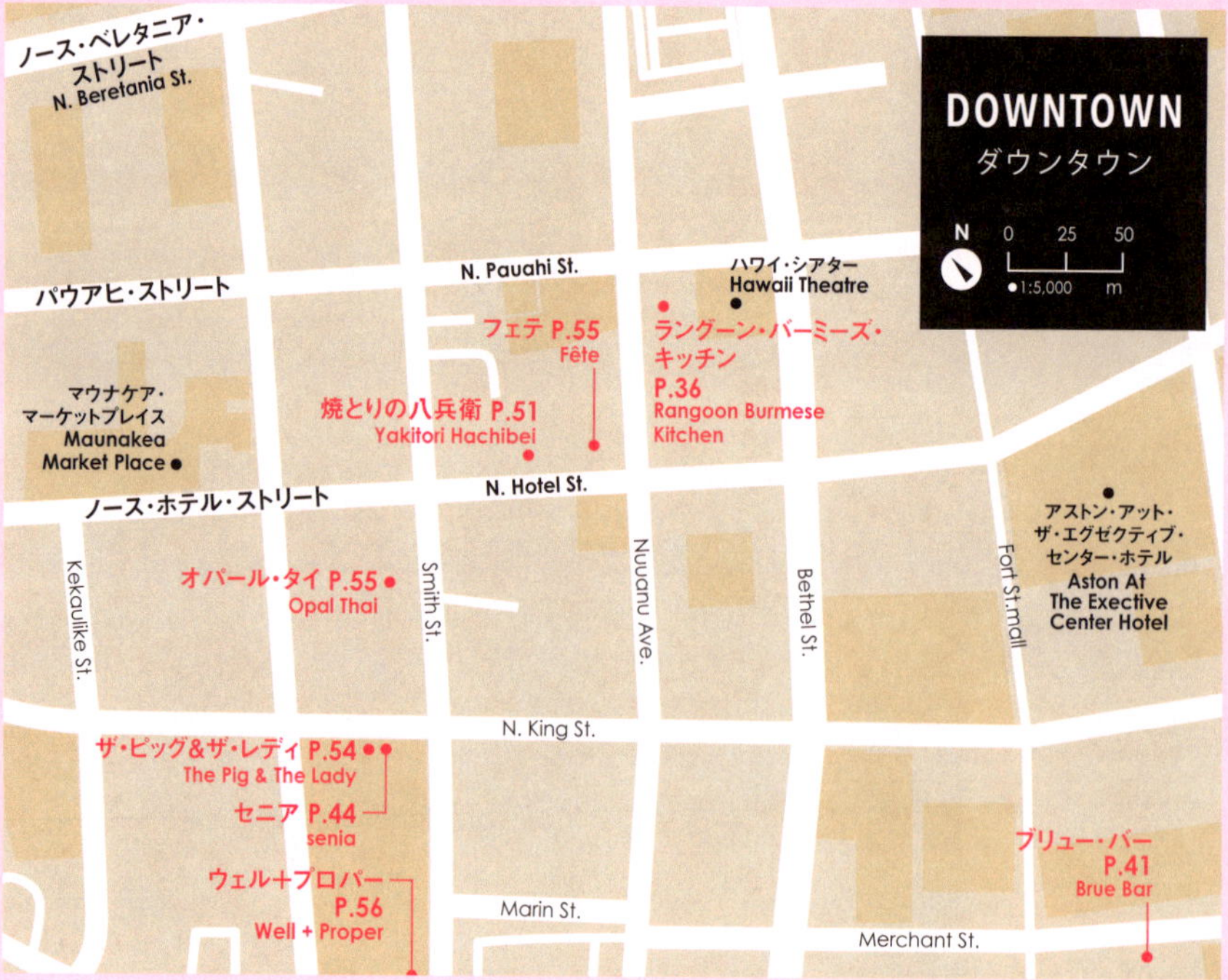
DOWNTOWN
ダウンタウン
N
0
25
50
1:5,000
m
ノース・ベレタニア・ストリート
N. Beretania St.
パウアヒ・ストリート
N. Pauahi St.
ハワイ・シアター
Hawaii Theatre
フェテ P.55
Fête
ラングーン・バーミーズ・キッチン P.36
Rangoon Burmese Kitchen
焼とりの八兵衛 P.51
Yakitori Hachibei
マウナケア・マーケットプレイス
Maunakea Market Place
ノース・ホテル・ストリート
N. Hotel St.
アストン・アット・ザ・エグゼクティブ・センター・ホテル
Aston At The Exective Center Hotel
Kekaulike St.
Smith St.
Nuuanu Ave.
Bethel St.
Fort St.mall
オパール・タイ P.55
Opal Thai
N. King St.
ザ・ピッグ&ザ・レディ P.54
The Pig & The Lady
セニア P.44
senia
ウェル+プロパー P.56
Well + Proper
Marin St.
Merchant St.
ブリュー・バー P.41
Brue Bar

Keanu St.
ザ・サーフィン・ピッグ P.36
The Surfing Pig
ザ・パブリック・ペット P.70
The Public Pet
ザ・カーブ P.41
The Curb
アヴァ + オレナ P.81
AWA + OLENA
ウィー・ハート・ケーキカンパニー P.37
We Heart Cake Company
ブレッドショップ P.57
Breadshop
XOレストラン P.54
XO Restaurant
ヴィーガン・ヒルズ P.21
Vegan Hills
スプラウト・サンドイッチ・ショップ P.46
Sprout Sandwich Shop
ワイアラエ・アヴェニュー
Waialae Ave.
シュガーケーン P.82
Sugarcane
ヴィア・ジェラート P.56
Via Gelato
カイムキ・ドライ・グッズ P.21
Kaimuki Dry Goods
ハレ・ベトナム P.53
Hale Vietnam
ジュールズ + ジェム・ハワイ P.70
Jules + Gem Hawaii
11th Ave.
モケズ（カイムキ店）P.34
Moke's
Koko Head Ave.
ハーディング・アヴェニュー
Harding Ave.
ダ・ショップ P.21
Da Shop
KAIMUKI
カイムキ
Lunalilo Fwy.
Pahoa Ave.
N
0 50 100
1:11,000 m

モンサラット・アヴェニュー
Hinano St.
Makini St.
ダイヤモンドヘッド・マーケット&グリル P.47
Diamond Head Market & Grill
Kaunaoa St.
Kaina St.
Kanaina Ave.
ダイヤモンドヘッド・ビーチハウス P.82
Diamond Head Beach House
プアラニ・ハワイ・ビーチウェア P.63
Pualani Hawaii Beachwear
アース・カフェ P.41
ARS CAFE
パイオニア・サルーン（モンサラット店）P.55
Pioneer Saloon
MONSARRAT
モンサラット
Leahi Ave.
Monsarrat Ave.
N
0 50 100
1:7,000 m

INDEX

ア

アーヴォ …… 032
アース・カフェ …… 041
アール・カカアコ …… 046
アイランド・ヴィンテージ・ワインバー …… 033
アイランド・スリッパー …… 062
アヴァ＋オレナ …… 081
アウアウ・ハワイ …… 067
アット・ドーン・オアフ …… 080
アップ・ロール・カフェ・ホノルル …… 039
アラン・ウォンズ・ホノルル …… 045
ヴィア・ジェラート …… 056
ウィー・ハート・ケーキカンパニー …… 037
ヴィーガン・ヒルズ …… 021
ヴィーノ …… 052
ウェル＋プロパー …… 056
ABC ストア（38 号店） …… 079
XO レストラン …… 054
MW レストラン …… 051
オーキッズ …… 058
オパール・タイ …… 055

カ

カイヴァアリッジ・トレイル …… 027
カイマナ・シェイブアイス …… 056
カイムキ・ドライ・グッズ …… 021
カカアコ・ウオールアート …… 105
カフク・ファーム …… 101
キャプテンブルース天国の海®ツアー …… 099
ケーキ M …… 057
コーヒー・ギャラリー・ハワイ …… 015
ココ・クレーター・ボタニカル・ガーデン …… 103
コストコ（ハワイカイ店） …… 079
コナコーヒー・パーベイヤーズ …… 038
コノズ ノースショア …… 047

サ

サウスショア・ペーパリー …… 070
ザ・カーブ …… 041
ザ・カハラ・スパ …… 092
ザ・クッキーコーナー（シェラトン・ワイキキ店）…… 068
ザ・サーフィン・ピッグ …… 036
ザ・スパ・アット・トランプ …… 092
ザ・パブリック・ペット …… 070
ザ・ビート・ボックス・カフェ（カイルア店）…… 054
ザ・ピッグ & ザ・レディ …… 054
ザ・ベランダ …… 048
ザ・ラウンジ …… 035
ザ・リッツ・カールトン・スパ …… 093
シェフ・マブロ …… 045
シグネチャー・アット・ザ・カハラ …… 068
シャングリ・ラ …… 104
ジュールズ・アンド・ジェム・ハワイ …… 070
シュガーケーン …… 082
すし匠 …… 043
スパ・ハレクラニ …… 087
スプラウト・サンドイッチ・ショップ …… 046
スリルズ・ソフト・サーブ …… 056
セーフウェイ（カパフル店） …… 079
セフォラ …… 094
セニア …… 044
セブン・ブラザーズ・アット・ザ・ミル …… 015
ソーハ・リビング（ハレイワ店） …… 015
ソーハ・リビング
（ワイキキ・ビーチ・ウォーク店） …… 070
ソーホー ニューヨーク ヘアサロン …… 093

タ

ターゲット（アラモアナ店） …… 077
ターゲット（カイルア店） …… 027
ターコイズ・ハワイ …… 081
タートルベイ・リゾート・ロビー・ラウンジ …… 015
ダイヤモンドヘッド・ビーチハウス …… 082
ダイヤモンドヘッド・マーケット & グリル …… 047

ボタニーク・サンクチュアリ・カハラ …… 089
ボディ・マッサージ・ハワイ …… 090
ボデガ・ハワイ …… 057
ホノルル・クッキー・カンパニー
（ワイキキ・ビーチ・ウォーク店） …… 068
ホノルル・バーガー・カンパニー …… 046
ホノルル美術館 …… 107

マ

マカイ・リサーチ・ピア …… 027
マカプウ・ライトハウス・トレイル …… 027
ミューズ・バイ・リモ …… 083
モーニング・グラス・コーヒー＋カフェ …… 059
モーニングブリュー（カイルア店） …… 027
モケズ（カイムキ店） …… 034

ヤ

焼とりの八兵衛 …… 051

ラ

ラ・メール …… 042
ラニヴァイ・ディズニー・スパ …… 093
ラニオネ・グラノーラ …… 066
ラニカイジュース（カイルア店） …… 027
ラングーン・バーミーズ・キッチン …… 036
リゴ　スパニッシュイタリアン …… 035
ルルズ・レイ・アンド・ブーケ …… 106
レイ・ライ・スタジオ …… 106
レインツリー・ベーカリー・コーヒーハウス …… 039
レディーM・アット・ワイキキ・ティー …… 037
ロイヤル ハワイアン ベーカリー …… 069
ロングス・ドラッグス（ワイキキ店） …… 078

ワ

ワイオリ・キッチン＆ベイク・ショップ …… 038
ワイマナロ・カントリー・ファームズ …… 107
ワイマナロ・ビーチ …… 027

ダウン・トゥ・アース・
オーガニック＆ナチュラル（カイルア店） …… 075
タオルミーナ・シチリアン・キュイジーヌ …… 053
ダ・ショップ …… 021
チットチャットハワイ …… 065
TBD…… 031
ディーン＆デルーカ・ハワイ
（ザ・リッツ・カールトン・レジデンス・
ワイキキビーチ店） …… 069
テッズ・ベーカリー …… 057
デュー・ドロップ・イン …… 049
トリップスナップ …… 109

ナ

ナル・キネティック・スパ …… 091
ナル・ヘルス・バー・アンド・カフェ …… 027
ノッツ・コーヒー・ロースターズ …… 040

ハ

パイオニア・サルーン（モンサラット店） …… 055
ハイクラフト・キッチン …… 047
ハウ・ツリー・ラナイ …… 052
パタゴニア（ハレイワ店） …… 070
ハナ・ティー …… 040
パパイロア・ビーチ …… 015
ハレクラニ ベーカリー＆レストラン …… 068
ハレクラニ・ブティック …… 069
ハレ・ベトナム …… 053
ビッグ アイランド キャンディーズ …… 068
ピリーノ …… 109
プアラニ・ハワイ・ビーチウェア …… 063
フィッシュ・ホノルル …… 050
V ブティック …… 015
フードランド ファームズ アラモアナ …… 078
フェテ …… 055
プナノニ・ナチュラルズ …… 064
ブリュー・バー …… 041
ブルー・ツリー・カフェ（カカアコ店） …… 040
プルメリア・ビーチハウス …… 047
ブレッドショップ …… 057
ホールフーズ・マーケット（カイルア店） …… 027
ホールフーズ・マーケット（クイーン店） …… 073

Epilogue...

今回は、私にとって初めてのプロフォトグラファー同行取材で、
そのぶん想いがたくさん詰まった作品になりました。
女性の魅力を引き出すスペシャリストのハワイ在住フォトグラファー YASI さんの
撮り下ろしで、プロならではの美しい写真を随所に散りばめることができました。
見ているだけでも気分が上がる写真がいっぱいと感じていただけるのではと思います。
ハワイ在住編集者のえりちゃんは、その細やかさで客観的に全体像を捉えて助言してくれ
ました。撮影時のアイデアもすごくよくて、ビーチでのお花撮影は忘れられません。
同じくハワイ在住の編集者よっちゃんは、取材の際にテキパキと立ち回り、
YASI さんと一緒にどうすればリサをうまく撮ることができるかを真剣に考えてくれました。
ちえちゃんは、常に著者の“読者目線でリアルに役立つ本にしたい”という
理念をしっかりくみ取って、いつも必死にサポートしてくれました。
デザイナーの三浦さんは、私たちが伝えたいハワイの姿を表現すべく
ハードワークを懸命にこなしてくれました。
女子のツボを心得たデザインに仕上がったのは、彼女のおかげです。
旅行本で有名な出版社からの発行ということで、期待と不安がありましたが、
担当者である理絵さんの、“著者の個性を生かした作品作り”へのこだわりが素晴らしく、
「リサさんらしく、リサさんの言葉で、リサさんの好きなように書いてください」と、
いつも応援してくれました。そのたびに、
一緒にいいものを作り上げていきたいという想いが高まっていき、もはや戦友です。
こうした皆さんの熱意やハワイ愛なくして、この本の完成はあり得ませんでした。
最高のチームと出会えたおかげで、私のフェイバリットな一冊が出来上がりました。

ハワイの神様、ありがとうございます。

素敵なハワイ旅になりますように
小笠原リサ

小笠原リサ

ハワイ渡航歴100回以上。ハワイ関連書籍出版やコラム連載、ガイドブックへの寄稿、セミナー出演など多方面で活躍中。美容、ファッション、グルメ、ショッピングを中心に充実のリゾートトラベルを提案。2005年よりスタートしたブログ「リサのLOVEハワイ」はアメブロハワイ部門1位。著書に『Hawaii Best of the Best』（オーバーラップ）、『Hawaii Perfect Planning Book』（オーバーラップ）、『Hawaii Perfect guide』（光文社）がある。

公式ブログ「リサのLOVEハワイ」 http://ameblo.jp/risa-celeblog/
Instagram @risahawaii

撮影：YASI SAKAI

ハワイ在住歴17年。フォトツアー会社「トリップスナップ」代表。ナチュラルに旅する様子を撮影するトリップスナップのフォトツアーはカップルから友人同士、家族連れまで人気を集める。ウエディングフォトグラファー、ビデオグラファーとして活躍する他、ハワイ関連媒体での撮影実績も多数。
Instagram @tripsnap

表紙・本文デザイン	三浦皇子
編集協力および現地コーディネート	椎名絵里子（makana press）、渡辺愛恵、田坂ちえ
地図	株式会社アトリエ・プラン
写真協力	©iStock
校正	東京出版サービスセンター
責任編集	日隈理絵（株式会社ダイヤモンド・ビッグ社）

地球の歩き方BOOKS

HAWAII RISA'S FAVORITES
大人女子はハワイで美味しく美しく

2020年2月12日　初版第1刷発行

発行所　株式会社ダイヤモンド・ビッグ社
〒104-0032　東京都中央区八丁堀2-9-1
編集　(03) 3553-6667

発売元　株式会社ダイヤモンド社
〒150-8409　東京都渋谷区神宮前6-12-17
販売　(03) 5778-7240

印刷製本　開成堂印刷株式会社

ISBN 978-4-478-82424-5